스타트업
규제개혁
아젠다

스타트업
규제개혁
아젠다

초판 1쇄 인쇄 2021년 12월 01일
초판 1쇄 발행 2021년 12월 08일

지은이 곽노성
펴낸이 류태연

편집 렛츠북 편집팀 | **디자인** 조언수 | **마케팅** 이재영

펴낸곳 렛츠북
주소 서울시 마포구 독막로3길 28-17, 3층(서교동)
등록 2015년 05월 15일 제2018-000065호
전화 070-4786-4823 | **팩스** 070-7610-2823
이메일 letsbook2@naver.com | **홈페이지** http://www.letsbook21.co.kr
블로그 https://blog.naver.com/letsbook2 | **인스타그램** @letsbook2

ISBN 979-11-6054-504-3 13320

START

UP

스타트업
규제개혁
야젠다

지금 당장 해결해야 할
4대 스타트업 규제개혁 과제

곽노성 지음

AGENDA

머리말

한국 경제는 지금 변곡점에 서 있다. 경제성장률은 해마다 낮아지고 인구 고령화는 빠른 속도로 진행되고 있다. 글로벌 공급망의 급격한 변화와 함께 기후의 변화로 인한 '탄소 제로 정책'으로 철강, 화학 등 주력 산업은 점점 경쟁력을 유지하기 어려운 상황으로 가고 있다. 지금 20·30세대는 부모 세대보다 경제적으로 어려워지는 첫 자식 세대가 될 것으로 보인다.

그래도 우리는 유럽이나 일본보다 사정이 낫다. 이들 국가는 이미 마이너스 금리 정책을 펼쳐야 할 정도로 경제가 심각한 상황이다. 산업도 전통 제조업 중심이라 4차 산업혁명 시대에 적응하는데, 어려움을 겪고 있다. 다행히 우리에게는 미래 산업으로 일컬어지는 BBIG(바이오·배터리·인터넷·게임)가 있다.

이렇게 큰 차이가 나는 것은 스타트업에서 그 이유를 찾아볼 수 있다. 우리는 2000년대 초반 많은 스타트업이 인터넷과 게임 산업에 뛰어들었다. 그 결과 구글, 아마존, 페이스북이 점령한 유럽, 일본과 달리 국내 시장은 우리 기업이 주도하고 있다. 바이오 분야도 우수한 인력이 스타트업에 도전하면서 지금 수준으로 경쟁력을 끌어올렸다.

스타트업계가 지금 가장 원하는 것은 규제 개혁이다. 저금리 기조 속에서 이미 스타트업에 투자하겠다는 시중 유동자금이 넘쳐난다. 그간 침체하였던 기업가 정신도 부활하고 있다. 이들의 도전을 가로막는 가장 큰 장벽은 바로 규제다. 우리나라는 해외에서 성공한 사업을 국내에서도 하게 해달라고 할 정도로 규제 환경이 열악하다.

이 책은 아래와 같은 5개 주제로 구성되어 있다.

규제 개혁의 성공 조건은 성과를 내기 위한 최소의 조건이다. 역대 정부마다 규제 개혁을 추진했지만, 성과는 만족스럽지 못했다. 이렇게 된 가장 큰 이유는 기본과 원칙에 대한 고민이 부족했기 때문이다. 네거티브 규제, 민간 주도 개혁 등 우리가 당연시하는 명제가 오히려 개혁을 더 어렵게 만들고 있다. 마음만으로는 성과가 나오지 않는다. 치밀한 전략이 필요하다.

규제 샌드박스는 스타트업 규제 개혁의 출발점이다. 당초 큰 기대와 달리 이제는 규제 블랙홀이란 오명을 쓴 채 외면받고 있다. 그렇다고 포기할 수는 없다. 미래 산업 방향이 불확실하고 이미 겹겹이 규제가 쌓여 있는 상황에서 샌드박스 이외에는 달리 해결할 방법이 없다.

블록체인, 암호화폐는 경제와 기술, 현재와 미래가 충돌하는 격전의 장이다. 신생 분야라서 하루가 다르게 변하고 있다. 지금 규제해야 할지, 한다면 어떻게 할지 선진국 정부도 가늠을 잡지 못하고 있다. 그렇다고 막연히 기다릴 수만은 없다. 미래를 예측하면서 위험 관리를 해야 한다.

화학물질은 모든 제조업의 기반이다. 화학물질 규제는 한일 반도체 분쟁 당시 산업계가 원한 제도 개선 1순위다. 화학물질 규제는 탈원전과 그 궤를 같이한다. 과학과 합리보다는 인식과 감정이 지배하고 있다. 중소중견기업의 생존은 물론이고 소재 부품, 특히 신소재 스타트업을 키우고 싶다면 반드시 개혁해야 한다.

바이오헬스는 규제만 개선되면 가장 크게 성장할 산업이다. 인구 고령화는 우리만의 문제가 아닌 전 세계적 현상이다. 바이오와 빅데이터의 만남으로 혁신 속도는 점점 더 빨라지고 있다. 바이오헬스를 빼고는 미래 산업을 이야기할 수 없다. 한때 세계 최고의 ICT 산업과 우수한 전문 인력을 가진 우리나라는 외국의 부러움이 대상이었다. 하지만 더 이상은 아니다. 규제에 막혀 산업 발전이 지체된 사이, 미국과의 거리는 점점 더 벌어지고 있으며 중국도 우리를 추월하고 있다.

우리나라 규제 시스템은 점점 더 통제할 수 없는 상황으로 가고 있다. 국회는 자신들이 만드는 규제가 어떤 방식으로 작동할지, 어떤 결과를 가져올지 모르면서 규제를 만든다. 행정부는 점점 더 제 역할을 잃어가고 있다. 어느덧 스스로 생각하기보다는 상명하복에만 익숙해져 현안 해결에만 급급할 뿐 구조적 문제는 고민하지 않는다. 이런 분위기에 실망한 젊은 공무원은 하나둘 공직을 떠나고 있다.

블록체인, 소재부품, 바이오헬스 분야에 종사하거나 규제로 고민하는 스타트업 관계자분들이라면 이 책을 한번 읽어보시기를 권한다. 자금과 인력 운영으로 바쁜 상황에서 언제 규제까지 고민하느냐고 생각할 수 있겠지만 그 규제가 당신의 발목을 잡고 사업을 일순간에 무너뜨릴 수도 있기 때문이다.

그렇다고 규제 공부에 많은 시간을 들일 필요는 없다. 날씨가 어떻게 바뀌는지 과학적으로 잘 몰라도 날씨를 사업 모델에 활용할 수 있다. 규제 정책을 자세히 몰라도 규제의 바람이 어떻게 부는지 알면 사업에 활용할 수 있다. 책을 처음부터 끝까지 다 읽을 필요는 없다. 본인이 필요한 부분만 보면 된다.

바람이 어떻게 부는지 아는 제일 좋은 방법은 이 책에서 제시한 문제들이 얼마나 개선되는지를 보는 것이다. 구조적 문제가 개선될 여지가 보인다면 개혁을 기대하면서 사업을 적극적으로 추진해도 좋다. 핵심은 그대로 둔 채 변죽만 울린다면 기대를 접는 게 좋다. 사업 모델을 바꾸든지, 차라리 해외로 나가는 게 현명한 선택이다. 국내보다 더 힘든 게 해외 시장이지만 규제에 막혀 시간을 낭비하기보다는 해외로 나가서 도전이라도 해보는 게 낫다.

2019년 우리 곁을 떠나신 고 이민화 KCERN 이사장님께 감사의 말씀을 올린다. 그해는 스타트업 규제개혁을 위한 필자의 활동이 유독 많았던 때다. 이데일리에서 지면으로 중계한 신년 KASIT 규제개혁 토론회를 시작으로 대한상공회의소 주제 발표, 벤처기업협회 주최 기자 간담회, 국회 4차산업혁명위원회 연구 용역까지 많은 일이 있었다. 이때의 결과물이 2020년 벤처기업협회 21대 총선 공약으로 이어졌고 이 책의 기반이 되었다. 모두 이사장님께서 길을 열어주셨기에 가능했다.

2021년 10월
성수 밸리에서 저자 씀

차 례

규제 개혁의
성공 조건

규제 개혁 추진력 확보 중요

개혁의 힘,
국민 여론 ───

규제를 개혁하려면 정부가 법령을 바꿔야 한다. 때로는 국회의 법 개정이 필요하기도 하다. 여기에 영향을 미치는 사람들은 누구일까?

우선 부처 공무원이 있다. 국회에서 법률 검토의견을 작성하는 국회 전문위원의 영향력도 무시할 수 없다. 물론 대통령과 국회의원이 큰 영향을 미치기도 한다. 그럼에도 이들이 가장 신경 쓰는 사람들이 있다. 바로 국민이다. 대통령, 국회의원, 지자체 선거를 치르는 상황에서 이들은 여론에 매우 민감하다. 신문에 한 줄, 방송에 한 번 나오기 위해 노력한다. 특히 선거가 가까워질수록 더욱 그렇다.

그렇다고 국민이 항상 절대적이지는 않다. 여론이 좋지 않더라도 자신의 정치적 소신을 주장하며 밀어붙이기도 한다. 이런 현상은 선거를 앞둔 경우보다 끝났을 때 더 빈번하게 발생한다. 일반 국민이 직접 체감하지 않거나 내용이 어려운 경우에는 공무원의 생각이 중요하다.

스타트업 관련 규제를 개혁하는데 여론은 바람과 같다. 순풍이 불면 숙원 과제를 풀 수 있지만, 역풍이 불면 쉬운 것도 못한다. 바람을 잘 읽으면서 개혁의 동력으로 활용하는 지혜가 필요하다.

그렇다면 지금은 어떤 상황일까?

부활하는
기업가 정신 ────

"욜로(YOLO) 하다 골로 간다." 요즘 유행하는 말이다. 불과 몇 년 전만 해도 한 번뿐인 인생 먼 미래 말고 지금의 행복을 생각하자는 욜로(You Only Live Once, YOLO)족이 큰 인기를 끌었다. 그런데 요즘은 경제적 자립, 조기 퇴직(Financial Independence, Retire Early)을 의미하는 파이어족(FIRE)이 인기다. 재테크 열풍이 불면서 젊을 때 아껴서 종잣돈을 만들고 투자를 해야 안락한 노후를 보낼 수 있다는 생각이 확산되고 있다.

그동안 부진했던 우리나라의 기업가 정신도 급격하게 회복되고 있다. 2020년 글로벌 기업가 정신 모니터 결과[1], 조사 대상 50개 국가 중 우리나라가 9위를 차지했다. 불과 1년 전 15위였던 것에 비하면 정말 큰 변화가 순식간에 일어났다. 내용을 들여다보면 더욱 놀라운데, 우리나라가 창업 실패에 대한 두려움이 가장 낮은 국가다. 안정을 추구한다면서 공무원만이 살길이라던 불과 몇 년 전 상황과 너무나 다르다. 이런 흐름 속에서 창업에 대한 사회적 인식도 조사 대상 50개국 중 46위(16년)에서 26위(18년), 7위(19년)로 빠르게 좋아지고 있다.

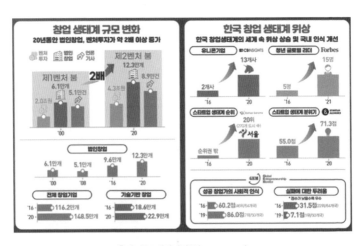

출처: 중소벤처기업부(2021.04.26.)

기업가 정신의 부활은 정부 통계로도 확인된다.[2] 2020년 신설 법인은 12만3천 개로 벤처 붐이 불었던 2000년 6만1천 개의 두 배 수준이다. 특히 지난 4년(17~20년)간 신설된 법인 수가

2만7천 개로 지난 20년 증가 수의 절반에 가까웠다. 우리나라 스타트업 생태계 위상도 높아져 2016년 2개이던 유니콘 기업이 2020년 13개로 늘었으며 포브스지 선정 청년 글로벌 리더도 2016년 5명에서 2020년 15명으로 많이 증가했다.

제2의 벤처 붐은 성장과 분배에 대한 국민의 여론도 바꾸어 놓았다.[3] 2017년 5월 여론조사(엠브레인)에서는 소득 분배가 중요하다는 응답이 62.8%로 경제 성장(31.2%)의 두 배에 달했다. 그런데 2021년 5월 실시된 조사(엠브레인·케이스탯·코리아리서치·한국리서치 공동)에서는 반대로 경제 성장이 중요하다는 응답이 60%로 소득 분배(31%)의 두 배에 달했다.

가속화되는
구조 조정

기업가 정신은 부활하고 있지만 사회적 분위기가 스타트업을 위한 규제 개혁에 우호적이지만은 않다. 코로나19로 인해 경제가 어려워지면서 중소상인은 한계에 직면하고 있고 자기 영역을 지키려는 전문직업인의 반발은 더욱 커지고 있다.

4차 산업혁명에 따른 일자리 변화는 코로나19가 발생 이전부터 우리 사회의 가장 큰 화두 중 하나였다. 인공지능이 발달하고 기계가 사람을 대체하게 되면 일자리가 줄어들 수밖에 없다며 로봇세를 도입해서 기본소득으로 지급하자는 주장이 나왔다. 이에 대해 과거 산업혁명 때도 마부 같은 일자리는 줄었지만, 결국 자동차 정비공 같은 새로운 일자리가 많이 생겼다며 그리 걱정할 일이 아니라는 반박도 제기되었다.

지난 수년간 급격히 증가한 최저임금은 로봇의 일자리 대체를 가속화 했다. 이제 가격이 저렴한 식당이나 카페에서는 키오스크가 주문을 받는다. 생산이나 유통 현장에서도 노동 이슈가 없고 24시간 가동할 수 있는 로봇으로 대체하는 분위기다.

코로나19는 멀게만 느껴졌던 미래를 우리 앞에 가져다 놓았다. 사회적 거리두기로 우리의 일상생활은 비대면과 온라인으로 급격히 전환되었다. 이로 인해 많은 일자리가 영향을 받았다. 컴퓨터 프로그래머는 물론 택배 기사의 수요가 크게 늘었다. 공무원이나 상당수 대기업 직원은 일하는 방식만 비대면일 뿐 고용이 불안해지지는 않았다. 반면 경영자금이 여유롭지 못한 중소기업이나 온라인 배달에 적응하지 못한 식당은 치명상을 입었다. 인파가 북적이던 명동 상가나 청계천 카페 거리는 이제 빈 곳이 자주 눈에 띈다.

코로나19 이후 양극화는 더욱 심해질 것으로 보인다. 이는 비단 우리나라만의 현상이 아니다. 미국 등 다른 선진국도 비슷하다. 이를 두고 JP모건에서는 K자 회복이라고 명명했다.[4] 기술기업, 대기업, 부유층과 화이트칼라는 예전보다 더 부유해지는 반면, 소기업, 빈곤층, 블루칼라는 점점 더 살기 어려워질 것으로 예상된다.

K자 회복

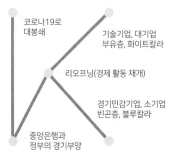

코로나19로
대봉쇄

기술기업, 대기업
부유층, 화이트칼라

리오프닝(경제 활동 재개)

경기민감기업, 소기업
빈곤층, 블루칼라

중앙은행과
정부의 경기부양

출처: JP모간(2020.09.)

    이미 많은 자영업자가 무너지고 있지만, 본격적인 구조 조정은 아직 시작도 하지 않았다. 지금은 정부가 행정지도를 통해 대출의 원금은 물론, 이자 상환을 미루고 있다. 코로나 국면이 끝나고 더는 상환을 미룰 수 없게 되면 큰 폭의 구조 조정이 불가피하다. 97년 IMF처럼 급작스럽지는 않지만, 조정 기간과 대상은 훨씬 더 길고 광범위할 것으로 예상된다.

    전문직이라고 안심할 수 있는 상황은 아니다. 로앤컴퍼니는 2012년 변호사와 사례를 찾아주는 로톡 서비스를 시작했다. 소비자는 변호사의 학력, 경력, 전문성 등을 확인하면서 본인에게 맞는 변호사를 찾을 수 있다. 이에 대한 대한변호사협회의 반발이 거세다. 자체 광고 규정을 개정해서 서비스를 이용하는 변호사의 징계를 추진하고 있다. 사실 이 사안은 이미 결론이

났다. 2015년과 2016년, 두 차례 서울지방변호사회와 대한변호사협회가 고발했지만, 검찰은 모두 혐의가 없다고 불기소 처분을 했다. 법무부도 공식적으로 합법이라고 발표했다. 그렇다면 변협은 왜 이렇게 무리를 할까?

그만큼 변호사 활동에 미치는 영향이 크기 때문이다. 변호사란 직업이 사라질 가능성은 희박하다. 하지만 인공지능을 비롯한 디지털 기술은 변호사의 일하는 방식을 크게 바꿀 것이다. 가장 크게 변하는 분야는 자료 조사다. 예전처럼 하나씩 자료를 조사하고 이를 정리할 필요가 없다. 로봇이 관련 사례와 문헌을 찾고 요약까지 해준다. 발생 빈도가 높은 사건·사고일수록 처리 방식도 쉽게 정형화할 수 있다. 자연스레 변호사의 역할은 줄어들 수밖에 없다. 하지만 로봇의 역할은 여기까지다. 발생 빈도가 낮거나 복잡한 사건·사고는 사람인 변호사만 처리할 수 있다. 쉽게 말해 사람이 예술(art)을 보여줄 기회는 여전하지만 기술(technique)을 발휘할 기회는 줄어든다.

건물의 가치를 측정하는 감정평가사나 기업의 자금을 관리하고 세금을 신고하는 회계사·세무사도 큰 변화를 맞이하고 있다. 정부는 3차원 지도인 공간 정보 구축에 한창이다. 여기에 사람들의 이동 빈도 등 각종 정보를 결합하면 건물 가치는 기계적 평가가 가능해진다. 연관 정보를 추가할수록 평가 수준은 더욱 정교해진다. 예전처럼 감정평가사가 일일이 찾아다니면서 평가하지 않아도 된다.

세무·회계도 비슷하다. 전자영수증이 보편화되고 거래 정보가 전산화될수록 세무·회계사의 입지는 더욱 좁아진다. 물론 담당 공무원도 모를 정도로 세법이 복잡한 상황에서 세무사의 역할은 분명 존재한다. 하지만 회계가 간단하고 유사한 사업장이 많은 경우에는 시스템으로 충분히 해결할 수 있기에 세무사의 수요 자체는 줄어들 수밖에 없다.

목표는 확실히, 방법은 유연하게

구조 조정이 규제 개혁에 어떤 영향을 미칠지는 가늠하기 어렵다. 신산업 창출을 통해 경제 침체를 극복한다는 명분을 내세우면서 적극적인 규제 개혁이 이루어질 수도 있지만, 구조 조정으로 인해 어려움에 처한 자영업자와 중소상공인, 일부 전문직의 반발도 매우 클 것으로 보인다.

최근 본격화되고 있는 플랫폼 기업에 대한 부정적 인식은 4차 산업혁명과 관련된 규제 개혁에 상당히 큰 위험 요인으로 작용할 것으로 보인다. 우리나라에서 온라인 플랫폼 공정화법이 발의되었고 미국, 일본에서도 플랫폼 기업에 대한 규제의 목소리가 나오고 있다.

우리나라와 같은 소규모 개방형 경제국가에는 선택지가 별로 없다. 혁신을 통한 경제 성장뿐이다. 미국이나 중국, 유럽은 시장 규모가 크기에 문을 걸어 잠가도 경제 운용이 가능하다. 우리는 다르다. 수출을 통해 우리나라 규모보다 더 큰 시장을 상대하고 있다. 4차 산업혁명, 글로벌 공급망 재편, 탄소 제로 정책이란 시대적 변화 속에서 위기를 기회로 만들어야 한다. 그러려면 규제 개혁은 선택이 아닌 필수다.

　그렇다고 명분만으로는 규제 개혁에 우호적인 여론을 조성하기는 힘들다. 그 결실이 우리 삶에 어떤 영향을 미치는지, 우리나라의 미래를 위해 무엇이 필요한지 잘 살펴보면서 규제 개혁을 추진해야 한다. 여론을 고려하지 않고 고정된 생각에 의존하는 교조주의적 규제 개혁 시도로는 좋은 성과를 거둘 수 없다. 오히려 규제 개혁 자체에 대한 반발을 불러올 가능성이 크다. 미래 세대를 위해 개혁을 통한 경제 성장이란 목표가 흔들리지 않으면서도 현장과 소통하며 유연하게 대응해야 한다.

스타트업 규제 개혁 아젠다

민간위원회 주도 개혁, 성공 못 해

아쉬운

4차산업혁명위원회

촌각을 다투며 치열하게 경쟁하는 민간기업 입장에서 보면 공무원은 같이 일하기 참 힘든 존재다. 현장 상황을 이해시키려면 많은 시간이 걸린다. 사무관, 과장까지는 만나서 설득해 볼 수 있는데 국장, 실장은 만나기도 쉽지 않다. 겨우 상황을 이해시키고 나면 현행 규정을 들먹이기 시작한다. 부처는 물론 부서의 이해관계까지 결부되면 어떻게 해야 할지 막막해진다. 겨우 설득해서 어느 정도 결론에 도달하면 담당 사무관이 바뀐다. 이미 전임자와 논의했다고 해도 자기는 잘 모르니 다시 시작하자고 한다.

이런 경험을 몇 번 하고 나면 공무원에게 맡겨서는 개혁을 할 수 없다는 생각이 든다. 그래서 정부 고위직이나 정치권 인사를 만나면 민간이 직접 해야 한다는 주장을 강하게 한다. 이들도 관료집단의 관성을 깨야 한다는 것에 공감하기에 민간 주도 개혁에 쉽게 동의한다. 이후에는 기존 관행에 따라 민간위원회 설치가 일사천리로 진행된다.

민간에서 제일 좋아하는 방식은 대통령 소속 위원회다. 정부에서 제일 센 사람이 대통령이니 당연히 대통령 소속 기구가 되어야 힘있게 개혁을 추진할 수 있다고 생각한다. 총리나 부처 소속 기구가 되면 적극적으로 할 의지가 없다는 비판을 받기도 한다. 위원은 보통 민간위원과 부처 장관들로 구성한다. 민간에 힘을 실어주겠다는 생각으로 위원장은 총리와 민간 전문가를 공동위원장으로 한다.

그렇다면 이렇게 만들어진 위원회는 어떤 성과를 거두었을까?

현 정부에서 스타트업을 위한 규제 개혁을 이끈 기구는 4차산업혁명위원회다. 이에 대한 국회 입법조사처의 평가는 냉정했다. "자체적으로 4차 산업혁명 촉진 정책을 발굴하거나 규제를 발굴해 조정하는 사례를 찾아보기 어렵다." 모 언론사는 D학점이라고 평가했다.[5]

필자는 4차산업혁명위원회에 대해 그렇게 낮게 평가하지는 않는다. 초대 장병규 위원장은 자신의 스타트업 성공 경험을 바탕으로 열정적으로 일했다. 4차 산업혁명의 개념 정의를 주도했고 결론이 날 때까지 계속 논의하는 해커톤이라는 방식을 도입했다. 일반 식품의 기능성 표시제 도입과 같은 성공 사례를 만들기도 했다. 비슷한 일을 했던 기획재정부 혁신성장토론회에서 비하면 확실히 나았다.

그럼에도 위원회가 애초 기대를 만족했다고 보기는 어렵다. 가장 역점을 두었던 개인정보보호법 개정은 절반의 성공에 그쳤다. 가명의 개념을 추가하는 성과를 거두었지만, 여전히 불확실하고 아쉬운 부분이 많다. 이런 상황에서 위원회는 큰 폭의 2차 개정을 추진하고 있으며 스타트업계는 여기에 강하게 반발하고 있다.[6] 그렇다 보니 개인정보보호법 개정으로 가장 큰 수혜를 본 곳은 스타트업이 아니라 독립기관이 된 개인정보위원회 소속 공무원이라는 이야기가 나온다.

위원회의 한계는 전·현직 위원장이 인정하고 있다. 장병규 전 위원장은 심의 기능만 있는 위원회의 한계를 인정했고, 윤성로 위원장도 취임하면서 위원회의 실행력이 부족하다는 지적에 대해 현실적 대안을 마련하겠다는 견해를 밝혔다.[7]

민간 주도 위원회의
태생적 한계 ⎯⎯⎯

4차산업혁명위원회에 대한 실망은 위원회가 범정부 컨트롤타워를 표방하면서 출범할 때 이미 정해져 있었다. 행정부의 작동 원리를 모르는 상황에서 마음만 너무 앞섰다. 민간위원이 주도하는 위원회는 본래 정부를 보조하는 자문기구이지 컨트롤 타워나 의사결정 기구가 될 수 없다. 이건 헌법에서 정한 것이다.

우리는 위원회가 얼마나 많은 실망을 가져다주었는지 경험했다. 위원회 공화국은 이미 10년도 넘게 지적된 문제다.[8] 그럼에도 여전히 유명무실한 많은 위원회가 법률에 근거를 둔 채 설치되어 있고, 정권이 바뀔 때면 언제 그런 비판이 있었느냐는 듯이 새로운 위원회를 만든다.

민간 주도 위원회는 많은 장점에도 불구하고 다음과 같은 태생적 한계를 가지고 있다.

첫째, 전문성이 부족하다. 공무원보다 산업의 변화나 세상 돌아가는 걸 더 잘 아는 민간위원이 왜 전문성이 부족하냐고 의아해할 수 있다.

정책 설계에는 다양한 전문성이 필요하다. 큰 방향을 잡고 총론을 논의할 때 필요한 전문성이 있고, 정책을 실행하는 과정에서 필요한 각론을 논의할 전문성도 있다. 전자는 민간기업이나 대학교수가 강하지만, 후자는 공무원이 잘한다. 우리는 보통 전문성 하면 전자만 생각하는데 일이 제대로 돌아가려면 후자도 필요하다.

총론만 강조한 채 실행 방안을 고민하지 않은 정책은 용두사미가 되기에 십상이다. 처음에는 여론을 타고 큰 추진력을 받지만, 곧 암초에 부딪힌다. 그러면서 역시 "악마는 디테일에 있다"는 격언을 실감한다.

둘째, 책임성이 부족하다. 집단적인 의사결정은 잘하면 많은 사람의 지혜를 모을 수 있지만, 잘못하면 비합리적인 의사결정을 합리화시키는 우를 범할 수 있다. 잘못된 의사결정을 하더라도 아무도 책임지지 않는다. 그래서 공무원들이 책임 부담을 덜기 위해 민간위원회를 활용하기도 한다.

선진국에는 민간위원으로 구성된 기구가 정책을 심의하는 사례를 찾아보기 어렵다. 일본의 심의회가 그래도 우리와 비슷하다. 그렇다고 우리처럼 위원회를 컨트롤 타워라고 하지는 않는다. 컨트롤 타워 역할을 하는 합의 기구에는 본부라는 명칭을 붙인다. 반면 심의회, 자문회의, 추진회의는 자문 기구다. 본부는 장관 등 공무원으로만 구성한다.

미국, 유럽은 민간과 정부의 역할 구분이 매우 엄격하다. 과학적 평가를 제외하면 민간위원회가 의사결정을 하는 경우는 찾아보기 어렵다. 예를 들어, 미국 백악관에는 과학 기술 관련 두 개의 기구가 있다. 국가과학기술위원회(National Science and Technology Council, NSTC)는 예산이나 주요 정책을 조정하는 기구다. 여기에는 부통령, 정부기관장 등 행정부 공무원만 참석한다. 대통령 과학기술자문회의(President's Council of Advisors on Science and Technology, PCAST)는 순수한 민간 자문 기구다. 공무원은 참석하지 않는다. 전문가들이 모여 과학 기술 관점의 미래 비전과 전략이 담긴 보고서를 발간한다.

셋째, 강제력이 부족하다. 행정 조직은 크게 계선(系線) 조직과 참모(參謀) 조직으로 나뉜다. 계선 조직은 명령 복종의 관계가 형성된 조직이고 참모 조직은 자문·권고·건의를 하는 조직이다. 쉽게 말해 정부의 대통령-장관-국장-사무관은 계선 조직으로 위법한 명령이 아니면 복종해야 할 의무가 있다. 반면 4차산업혁명위원회는 대통령을 보좌하는 참모 조직이다. 위원회의 결정이 힘을 발휘하려면 대통령이 지시해야 한다. 장관이 위원회 위원이라고 해서 민간위원장의 지시를 따를 의무는 없다.

공정거래위원회나 방송통신위원회와 비교하면서 대통령령이 아니라 법률에 근거했다면 훨씬 더 강한 조정력을 발휘했을 것이라는 주장이 있는데 필자는 동의하지 않는다. 공정위·방통위는 소관 업무에 대해 집행 권한이 있다. 이 업무는 다른 부처와 중복되지 않는다. 그래서 대통령이 아닌 총리 소속임에도 위원회 결정이 강한 힘을 갖는다. 4차산업혁명위원회는 자신의 고유 정책이 아닌 다른 부처의 정책을 심의하기 때문에 집행력을 발휘할 수 없다.

민간 주도로 위원회를 운영하면 관료 조직의 한계를 뛰어넘을 수 있다는 생각은 과거에도 있었다. 실제 이명박 정부의 국가과학기술위원회는 기존 협의 기구의 한계를 뛰어넘겠다는 취지로 장관급 정부위원을 제외하고 민간위원으로만 위원회를 구성했다. 하지만 위원회가 연구개발 예산을 결정해도 각 부처는 기획재정부와 국회를 상대로 자신들의 생각을 관철해나갔다. 결국 연구 현장에서는 시어머니만 더 늘었다는 평가가 나왔다. 결국 정권이 바뀌면서 3년 만에 폐지되었다.

민간 전문가,
공무원 방식으로 일해야

"바늘 허리 매어 못 쓴다." 아무리 바빠도 지켜야 할 최소한의 일의 순서가 있다는 속담이다. 스타트업을 위한 규제 개혁도 마찬가지다. 마음이 급하다고 민간이 정부의 역할을 대신할 수 없다.

정부의 일하는 방식은 스타트업계가 밖에서 보던 것과 사뭇 다르다. 스타트업에서는 대표가 직관으로 결정해도 된다. 직원이 내부 규정을 어기더라도 좋은 결과를 가져오면 벌이 아니라 상을 받을 수 있다. 정부는 다르다. 일반 공무원은 물론 대통령도 자신이 원한다고 해서 마음대로 하면 안 된다. 정해진 법과 절차를 지켜야 한다. 공무원이 규정을 어겼다면 결과가 좋아도 문제가 된다. 공무원의 권한을 통제하지 못하면 국민에게 갈 피해가 매우 크기 때문이다.

민간 전문가가 정부 조직으로 들어가야 한다. 위원회 같은 자문 기구가 아니라 실장, 국장처럼 계선 조직에서 직접 의사

결정을 할 수 있어야 한다. 현 정부에서 중소기업벤처부 창업벤처혁신실장과 대통령비서실 중소벤처비서관을 맡았던 석종훈 퓨처플레이 파트너는 좋은 사례. 물론 한두 명으로는 성과를 내기는 어렵다. 그래서 미국처럼 다수의 민간 전문가가 부처 공무원으로 들어가야 한다.

당장 정부 고위직에 민간 전문가를 많이 넣을 수 없다면 대안으로 민간 전문가와 공무원이 함께 일하는 민관 합동 조직이 있다. 실제 노무현 정부 당시 추진했던 규제개혁기획단은 민간 전문가가 전문위원으로 참여하면서 상당한 효과를 보았다. 물론 이 경우도 공무원이 의사결정을 독점할 수 있으므로 상위 레벨에서 균형을 잡아야 한다.

공무원 중에서 혁신 마인드를 가진 사람을 키워주는 것도 중요하다. 스타트업 CEO만큼 혁신적인 생각을 하는 공무원이 있다. 영혼 없는 공무원이 당연시되면서 과거에 비해 이들의 입지가 많이 줄어들고 있지만 의외로 적지 않다. 이들의 소신을 펼칠 기회를 줘야 한다.

개혁의 성패는 대통령에 달려

제한적인
국회 역할 ———

스타트업을 위한 규제 개혁에서 국회의 역할은 중요하다. 스타트업계 입장에서 규제의 칼을 휘두르는 정부 부처는 부담스럽다. 솔직히 이야기했다가 오히려 스타트업을 옭아매는 부메랑이 되어 돌아올 수도 있다. 공무원은 일단 방향을 정하면 입장을 잘 바꾸지 않는다. 사무관은 겨우 설득했는데 국장이 이해하지 못하는 때도 있고, 그 반대의 경우도 있다. 그렇다고 삼자대면을 할 수도 없는 노릇이다. 이럴 때 국회의원은 스타트업계의 의견을 정부에 전달하는 좋은 창구다.

그렇다고 국회가 규제 개혁을 주도하기는 어렵다. 공무원의 인사권은 장관, 대통령이 쥐고 있다. 아무리 이야기해도 앞에서는 알겠다고 하지만 더 진도가 나가지 않는 경우가 대부분이다. 지난 20대 국회는 4차산업혁명특별위원회를 만들어 활동했지만 달라진 것은 별로 없다. 특위가 보고서만 발간하고 끝난 것도 아니다. 각 부처에 조치 방안을 제출하도록 했지만, 의례적 답변만 돌아왔을 뿐이다.

선거에 민감한 것도 양날의 검과 같다. 공무원이 소극적인 경우는 국회가 도움되지만 기존 사업자와 갈등이 있는 경우는 오히려 국회가 큰 위험이 된다. 대표적 사례로 차량 공유 서비스 '타다'가 있다. 합법이라는 법원의 판단에서도 불구하고 국회는 선거를 앞둔 시점에서 여야 합의로 금지 법안을 통과시켰다. 스타트업계보다는 택시 기사의 표가 훨씬 더 많기 때문이다. 이런 상황은 언제든 또 발생할 수 있다.

고시를 비롯해 행정부 자체적으로 운영하는 규제는 국회가 개선을 추진하기 매우 어렵다. 물론 해당 규제를 없애는 법률을 만들면 되지만 우리나라 법체계에서 법률의 역할은 제한적이다. 방향은 제시할 수 있지만, 세부적인 방법까지 법률에 일일이 열거할 수 없다.

개혁의 열쇠를 쥔 대통령

대통령은 규제 개혁 작업을 해야 하는 공무원의 인사권을 쥐고 있다. 사무관 이상 신규 채용과 승진 임용권은 각 부처의 제청에 따라 대통령이 권한을 행사한다. 국장급 이하 공무원의 전보는 부처 장관이 행사하지만 그렇다고 청와대의 영향에서 자유롭지는 않다.[9] 정무직인 장·차관의 인사권을 대통령이 쥐고 있기 때문이다. 정무직은 대통령에게 인정을 받아야 한다. 그렇지 않으면 언제 물러날지 모른다. 당연히 가시적 성과가 중요하고 여기에 도움이 되는 국·과장을 선호한다.

대통령은 개혁 과정에서 발생할 수 있는 이해관계에서 상당히 자유롭다. 대통령은 단임제라 재선할 수 없다. 다음 선거를 생각하는 국회의원보다 좀 더 국가적 이익에 충실할 수 있다. 요즘은 퇴임 후 전임 대통령들의 모습이 안 좋았기 때문인지 정권 재창출이 곧 성공한 대통령이란 이야기도 들리지만 그래도 국회의원보다는 소신껏 할 수 있다.

제왕적 대통령제의 폐해가 심각한 상황에서 너무 대통령에게 의존하는 것 아니냐고 생각할 수 있다. 청와대 정부라 불릴 정도로 내각이 무력화되고 청와대만 바라보게 된 지금의 모습은 분명 잘못되었다. 그렇다고 대통령제 중심 국가에서 대통령을 뺀 개혁은 불가능하다. 대통령이 헌법에서 정한 역할에만 충실하면 지금까지 보아온 문제점을 대폭 줄일 수 있다.

대통령은 리더다. 리더는 지금 해야 할 일을 정하고 구성원들이 역량을 집중할 수 있도록 도와줘야 한다. 대통령이 실무를 챙기려고 할수록 공무원들은 손을 놓고 대통령만 바라본다.

그렇다고 대규모 청와대 비서진을 두는 것도 부적절하다. 우리 헌법에서는 대통령이 국무위원과 협의해서 국정을 운영하도록 하고 있다. 비서가 대통령의 후광을 업고 장관을 제치고 부처 공무원을 지휘하는 건 그 자체가 권한 남용이다.

대통령이 개혁을 주도한다고 국회가 대통령 말을 따라야 한다는 것은 아니다. 사회적 타협의 장인 국회의 기능이 존중되어야 한다. 대통령은 의제를 설정하고 행정부 내 규제를 정비하는 역할을 하는 것만으로 충분하다. 이것만 잘해도 스타트업에 지금보다 훨씬 더 좋은 규제 환경을 만들어줄 수 있다.

청와대 혁신수석 필요

대통령은 바쁘다. 국정 동력을 확보하려면 지지율이 중요하다. 선거를 무시할 수 없다. 장관을 비롯한 주요 인사도 신경 써야 하고 외교 행사를 비롯한 각종 행사에 참여해야 한다. 코로나 같은 보건 위기가 닥치면 어떤 행동을 했느냐에 따라 정국이 출렁거리기도 한다. 규제 개혁과 같은 정책 의제를 챙길 여유가 많지 않다.

국무총리는 애매한 자리다. 역대 총리를 보면 노무현 정부의 이해찬 총리 이외에는 실권을 쥔 경우를 찾아보기 어렵다. 지역 안배 차원에서 임명되고 조력자의 역할에 그치는 경우가 대부분이다. 그렇다 보니 총리가 부처에 미치는 영향은 상당히 적다. 총리실 공무원들도 이런 분위기에 맞춰서 행동한다. 임기도 불안정하다. 선거가 끝나면 그냥 국면 전환을 위해 교체되기도 한다. 이런 상황에서 개혁에 대한 총리의 역할을 기대하는 건 무리다.

무기력한 총리실의 모습을 단적으로 보여준 사례는 문재인 정부의 신산업 규제 개혁 컨트롤 타워 논란이다. 문재인 정부 초기 혁신 성장 정책을 두고 많은 논란이 있었다. 특히 혁신 성장 정책의 가장 중요한 과제인 신산업 규제 개혁이 화두였다. 기획재정부는 혁신성장본부를 만들고 정부 내 규제 개혁 논의를 주도하려고 했다. 대통령은 공정거래위원장에게 힘을 실어주었다. 정작 행정규제기본법에 따라 규제개혁위원회를 담당하는 총리실은 뒷전으로 밀려났다. 심지어 총리실과 공정거래위원회가 규제 개혁 합동 컨트롤 타워를 구성한다는 보도까지 언론에 나오게 되었다. 법과 현실이 완전히 따로 움직였다.

스타트업을 위해 규제 개혁을 하려면 이 업무를 전담할 청와대 수석비서관이 필요하다. 꼭 이 업무만 할 필요는 없다. 다만 규제 개혁이 우선순위에 있어야 한다. 4차 산업혁명 시대이니만큼 기술에 대한 이해도 필요하다. 그런 측면에서 경제수석은 적임자가 아니다. 부동산 정책까지 소관 범위가 너무 넓다. 기술에 대한 이해도 기대하기 어렵다.

일상적인 규제 개혁은 경제수석이 담당하더라도 스타트업을 위한 규제 개혁은 별도 수석이 필요하다. 그래야 실기하지 않고 개혁을 끌고 갈 수 있다. 대통령 특별보좌관은 대안이 아니다. 특보는 명예직이라 실제 일을 하지 못한다. 수석실 규모가 클 필요는 없다. 어차피 일은 부처 공무원들이 한다. 진행 상황을 관찰하면서 필요한 때 대통령이 한 번씩 챙길 수 있도록 옆에서 돕는 것만으로 충분하다.

의제 설정이
중요

2017년 아산나눔재단에서 스타트업 규제 국제 비교 결과를 발표했을 때 사회적으로 큰 반향이 일었다. 글로벌 누적 투자액 상위 100대 업체 중 43개만 사업을 할 수 있고 44개는 제한적으로만 가능하고 13개는 아예 우리나라에서는 사업을 할 수 없다고 했다. 절반도 마음 놓고 할 수 없다는 현실은 이후 정부의 규제 개혁을 촉진하는 동력으로 작용했다.

2019년 아산나눔재단에서 2년간 변화된 상황을 발표했는데 개선된 결과를 보여주었다. 핀테크 분야에서 허용되는 경우가 늘어나면서 가능한 사업이 69개로 크게 증가했다. 하지만 한계도 보여주었다. 원격의료처럼 원래 하지 못하던 13개 사업은 여전히 할 수 없었다. 작은 변화는 만들어냈지만 큰 개혁은 성공하지 못했다.

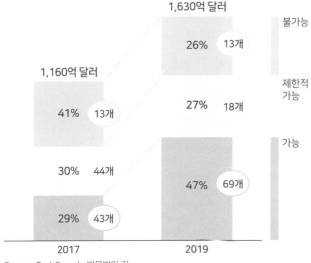

글로벌 누적 투자액 상위 100대 업체 중 한국 규제 저촉 가능성

1,630억 달러

불가능

26% 13개

1,160억 달러

제한적
가능

41% 13개

27% 18개

가능

30% 44개

47% 69개

29% 43개

2017   2019

Source: TechCrunch, 법무법인 린

왜 이런 현상이 발생할까? 개혁의 우선순위가 없기 때문이다. 우선순위가 없으니 당장 성과를 내기 쉬운 것에 집중하고, 중요하지만 성과를 내기 힘든 것은 지레 포기하게 된다.

아젠다 설정의 중요성을 이해하지 못해 실패를 반복하는 대표적 사례는 새로운 정권이 들어설 때 수립하는 국정 과제다. 정부마다 차이는 있지만 보통 100개 정도 된다. 외교부터 경제, 사회, 문화까지 국정 전반을 총망라한다. 대통령직 인수위원회 위원들은 그간 자신이 생각해온 정책을 국정 과제화하려고 심혈을 기울인다. 정부 부처도 자기 부처의 위상을 더욱 강화하기 위해 각종 사업을 추가한다.

정작 역대 정부의 국정 과제 성과를 보면 그리 만족스럽지 못하다. 잠재성장률은 지속적으로 하락하고 있고 스타트업 규제 환경도 점점 더 나빠지고 있다. 대통령 임기가 끝날 때쯤 국정 과제에 대한 평가는 그리 좋지 못하다. 달성률은 높은데 딱히 내세울 대표적인 성과를 찾기 어렵다.

국정 과제 달성률을 높이는 것은 그리 어렵지 않다. 일단 법률안을 만들어서 국회로 보내면 된다. 국회 통과는 행정부 공무원의 책임이 아니므로 법안이 통과되지 않더라도 달성한 것으로 분류한다. 때론 현실을 내세워 당초 국정 과제 내용을 약화시킨다. 정권 후반기에 가면 정부 스스로 인정 기준을 낮춘다. 달성률이 낮으면 그 자체가 언론의 비판 대상이기 때문이다.

이런 현상은 비단 국정 과제에서만 나타나는 것은 아니다. 정부가 수시로 발표하는 종합대책도 그렇다. 모든 문제에는 구조적 원인이 있다. 그걸 해결하면 나머지도 자연스럽게 해결되지만 그렇지 못하면 잠시 증상을 개선할 뿐 다시 문제가 생긴다.

공무원들도 이런 걸 잘 알고 있다. 그래서 종합대책을 만든다. 진짜 중요한 것 몇 개만 해결하겠다고 했다가 나중에 아무것도 안 되면 언론으로부터 강한 비판을 받는다. 그래서 효과는 낮지만 당장 할 수 있는 과제들을 꼭 넣는다.

〈주유소 습격사건(1999년)〉이란 한국 영화가 있다. 여기서 배우 유오성이 "나는 한 놈만 팬다"는 명대사를 남겼다. 패싸움할 때 한 사람만 정해놓고 죽어라 쫓아다니니 그 누구도 그와 싸우려고 하지 않았다. 국제회의에 가면 제일 먼저 하는 일이 의제 설정이다. 무엇을 논의할지 그 주제를 먼저 정한다. 주제가 무엇인가도 중요하지만, 더 중요한 것은 순서다. 무엇을 먼저 논의할지 정한다. 의제 설정 과정에서 이미 일의 절반은 했다고 할 만큼 많은 이야기가 오간다.

개혁을 제대로 하려면 효과가 크고 시급한 5가지 과제에 역량을 집중해야 한다. 그렇다고 나머지를 포기한다는 의미는 아니다. 어차피 정부는 규제 개혁을 상시적으로 진행한다. 물론 이런 활동이 만족스럽지는 않다. 그렇다고 상시적 규제 개혁에 집중하면 오히려 큰 개혁을 놓친다. 큰 개혁 과제를 해결하면 그 파장이 크다. 분위기를 반전시켜 해당 분야만 아니라 다른 분야의 규제 개혁에도 상당한 영향을 미친다.

물론 중간에 의제를 조정할 수도 있다. 일단 시도해봤는데 반발이 너무 커 장기간 논의가 필요한 상황이라면 그때 시급성과 중요도를 고려해서 의제를 수정하면 된다.

규제 개혁의 성공 조건

4

네거티브 아닌 근거 기반 규제

허울뿐인
네거티브 규제 ____

스타트업계는 하지 말라는 것 빼고 다 할 수 있는 네거티브 규제를 도입해야 한다고 주장한다. 새로운 시도를 할 때 사전 검열을 거쳐야 한다면 창의적이고 도전적일 수 없다. 기존 규제에 가로막혀 힘들어하는 스타트업계 입장에서는 당연한 요구처럼 보인다. 여기에 경제학계는 물론 언론계도 대부분 동의하고 있다. 정작 성과는 지지부진하다. 이제는 개념까지 흔들리고 있다. 왜 이런 현상이 발생하고 있을까?

네거티브 규제는 2016년 박근혜 전 대통령이 언급하면서 정책으로 자리 잡았다.[10] 신산업 분야는 특정 사항만 제한적으로 금지하고 나머지는 모두 풀어야 한다며 정책 추진에 대한 강한 의지를 보였다. 하지만 기대만큼 성과를 거두지 못했다.

　문재인 정부 들어서는 포괄적 네거티브로 정책 명칭이 변경되었다. 정부는 신산업·신기술에 적용할 법령이 없는 상황이 발생하면 오히려 더 혼란을 초래하기 때문에 '포괄적'이란 단어를 추가했다고 설명하고 있다.[11] 모터사이클의 경우 우리는 기타 분류가 없어 기존과 다른 모터사이클이 나오면 법의 적용을 받지 못한 채 아예 붕 뜨지만, 유럽은 기타 분류가 있어 안정적으로 법을 적용할 수 있다고 한다.

　좀 이상하지 않은가?

　네거티브 규제는 금지한 것을 빼고는 다 할 수 있다는 것을 의미한다. 그런데 포괄적 규제는 신제품이 규제 대상에서 빠지지 않도록 규제의 적용 범위를 최대한 늘려놓겠다는 의미다. 하나의 정책 슬로건에서 앞의 단어는 규제의 대상을 늘리고 뒤의 단어는 대상을 줄이겠다는 의미를 담고 있다. 혼란스럽다.

　네거티브 규제의 의미도 따져보면 혼란스럽기는 마찬가지다. 이 용어는 자유무역협정과 같은 국제통상 규범에서 비롯되었다. 협정을 맺을 때 개방하는 분야만 명시하는 것은 포지티브 리스트 방식이다. 반대로 모두 개방하는 것을 원칙으로 하되 개방하지 않는 분야를 명시하는 것이 네거티브 리스트 방식이다. 당연히 무역회사는 네거티브 방식을 선호한다. 하지 말라는 것 빼고는 다 할 수 있기 때문이다.

　현실은 이렇게 단순하지 않다. 네거티브 규제로 널리 알려진 미국에서도 포지티브 리스트 방식을 사용한다. 예를 들어 농약은 모두 사전에 허가를 받아야 한다. 허가를 받은 농약은 리스트에 등재되고 리스트에 없는 농약은 사용이 금지된다. 포지티브 리스트 방식이다. 농약의 위험성을 아는 만큼 누구도 이게 과한 규제라고 이야기하지 않는다.

네거티브 규제의 의미를 정부가 관여하지 않고 시장에 맡기는 것으로 해석할 수도 있다. 이 또한 현실성이 떨어진다. 네거티브 규제의 대표적 사례로 미국을 이야기하는데 미국과 우리는 사법 체계가 다르다.

우리나라는 독일, 일본처럼 성문법 체계다. 국가의 역할이 중요하고 모든 일을 법 테두리 안에서 관리하려고 한다. 이러다 보니 법령에 대한 해석을 행정기관이 할 정도로 행정기관의 힘이 세다. 신산업으로 인한 피해가 발생하지 않도록 사전에 국가가 깊숙이 관여한다. 그렇다 보니 피해를 본 소비자는 정부는 뭘 했느냐면서 정부에 배상을 요구하기도 한다.

미국은 불문법 체계다. 국가는 문제가 있을 때만 관여할 수 있다. 사전에 문제가 있을 수 있다고 예단하고 법을 만들지 못한다. 행정기관의 권한도 제한적이다. 법령에 대한 해석은 행정기관이 아닌 사법부의 몫이다. 신산업으로 인해 발생하는 피해는 민사소송을 통해 징벌적 손해배상제로 해결한다. 통상 3배로 한정하는 우리와 달리 배상 규모의 제한이 없다. 그렇다 보니 피해를 본 소비자가 정부는 뭘 했느냐는 이야기를 하지 않는다.

사전 규제하는 성문법 국가의 단점을 보완하기 위해 도입한 규제 원칙이 바로 '선허용 후규제'다. 국가가 너무 나서서 사전 규제를 하면 혁신의 싹을 죽이니 우선 신산업을 허용하고 그다음 규제를 하자는 것이다.

네거티브 규제는 쓰는 사람마다 의도가 다르다. 누구는 네거티브 리스트 방식을 의미하고 또 다른 사람은 아예 정부는 규제하지 말아야 한다는 의미로 사용한다. 이처럼 규제 개혁에 혼란을 초래하는 네거티브 규제라는 용어는 가급적 사용하지 않는 것이 좋다.

핵심은
근거 기반 규제 ────

선허용 후규제를 한다고 끝은 아니다. 오히려 여기부터가 더 어렵다. 어떤 기준으로 얼마만큼 규제해야 하느냐란 근본적인 질문이 남는다. 최근 벌어지는 빅테크에 대한 미국과 중국의 규제를 보면 사후 규제가 얼마나 중요한지 실감할 수 있다.

중국 정부의 알리바바에 대한 규제는 그간 중국은 신산업에 우호적이라는 기존 평가를 완전히 바꿔 버렸다. 알리바바 창업자인 마윈이 공식 석상에서 중국 정부의 규제가 후진적이라고 비판할 때부터 분위기는 심상치 않았다. 이후 마윈은 한동안 공식 석상에서 사라졌고 알리바바의 핀테크 기업인 앤트 그룹은 상장이 중단되었다.

중국 정부의 스타트업 규제는 여기서 끝이 아니었다. 다른 인터넷 기업의 반독점 규정 강화에 이어서 차량 공유 기업인 디디추싱의 앱을 더는 내려받을 수 없도록 막아버렸다. 최근에는 정부의 사교육 제한 조치의 일환으로 학교 수업 내용을 가르치는 기업은 비영리 단체로 전환해야 한다는 정책을 발표했다.[12] 이로 인해 뉴욕에 상장한 대표적 중국 에듀테크 기업인 탈(TAL) 에듀케이션 그룹의 주가는 하루 만에 70% 가까이 폭락했다.

중국의 이러한 변화는 정치적 요인 때문이다. 시진핑 주석은 기존 관행을 깨고 세 번째 임기를 추진하고 있다. 이를 위해서는 중국 국민들의 마음을 다독이는 게 중요하다. 그래서 공동부유(共同富裕)를 표방하면서 성장을 중시하던 덩샤오핑의 선부론(先富論)에서 분배를 중시하는 마오쩌둥의 공부론(共富論)으로 정책을 전환하고 있다.

과도한 빈부 격차는 실제 공산당에 큰 부담으로 작용하고 있다.[13] 배달을 비롯한 플랫폼 기업의 노동권 문제도 지속해서 제기되어 왔으며 사교육은 저출산의 주요 원인으로 알려져 있다. 규제의 취지 자체가 나쁘다고 볼 수는 없다. 문제는 규제가 얼마나 합리적이고 적절한지 여부다. 중국 정부는 규제를 시행하면서 문제가 얼마나 심각한지, 왜 이 규제 방법이 적절한지 설명하지 않았다. 국가가 정했으니 기업은 무조건 따르라는 식이다.

미국도 중국처럼 빅테크에 대한 규제 강화 필요성이 지속적으로 제기되고 있다.[14] 민주당과 공화당, 두 정당의 이해관계는 다르지만 빅테크가 너무 커져 버려 소상공인을 위협하고 있다는 점에는 이견이 없다. 실제 독점 금지 법안이 양당 간 합의로 하원을 통과하기도 했다.[15] 바이든 대통령은 아마존에 대한 규제를 적극적으로 주장해온 리나 칸(32)을 최연소 공정거래위원장에 임명할 정도로 적극적이다.[16]

그렇다고 중국처럼 빅테크 규제가 급격하게 진행될 거라는 예측은 별로 없다.[17] 논리는 기본이고 객관적 근거를 가지고 법원을 설득해야 하기 때문이다. 20여 년 전 마이크로소프트(MS)는 반독점 위반 혐의로 1심에서 회사 분할 명령을 받았다. 하지만 MS는 경쟁 업체에 소스 코드를 공개하는 방법으로 공정한 경쟁 기회를 나누는 선에서 회사를 분할하지 않고 이 일을 마무리 지을 수 있었다.

규제에 관한 생각은 사람마다 다 다르다. 이해관계가 다르고 가치관도 다르다. 미국처럼 시장 논리를 중시할 수도 있고 유럽처럼 사회적 단결을 중시할 수도 있다. 그런데도 꼭 지켜야 하는 마지노선이 있다. 객관적 근거와 원칙에 따라서 규제를 만들어야 한다는 것이다. 그래야 기업가 정신을 꺾지 않으면서 우리가 당초 생각했던 규제의 목적을 달성할 수 있다.

제 역할 못 하는
규제 영향 분석 ———

근거 기반 규제는 민주주의 국가의 법치와 맥을 같이 한다. 국민을 통제하기 위해 법을 만들고 강제하는 것은 독재 국가도 마찬가지다. 민주주의가 독재와 다른 것은 법을 만들 때 합리적 근거에 따라 다양한 의견을 수렴해서 만든다는 점이다. 명확한 근거도 없이 규제에 반대하는 사람들을 힘으로 밀어붙여서 법을 만드는 건 독재 국가의 법치다.

이런 취지에서 미국, 유럽, 일본에서는 규제에 관한 영향 분석 제도를 운용하고 있다. 그냥 국회의원이나 공무원이 이렇게 하면 좋겠다고 생각해서 규제를 만드는 게 아니라 실제 작동하게 되면 어떤 영향을 미치는지, 당초 생각했던 목적을 달성할 수 있는지, 더 효과적인 방법은 없는지, 혹시 심각한 부작용은 없는지 미리 점검해본다.

우리나라도 같은 취지에서 규제 영향 분석 제도를 운용하고 있다. 행정규제기본법에서는 규제를 신설·강화하려면 실현 가능성, 비용과 편익 비교 분석을 포함한 '규제영향분석서'를 작성하도록 하고 있다. 그렇다면 얼마나 지켜지고 있을까?

올해 3월 공정거래위원회는 전자상거래법 전부 개정안을 입법 예고했다. 이에 대한 스타트업계의 반발은 매우 컸다. 디지털 경제의 특성과 소비자 편익을 외면했다면서 주요 단체가 공동 성명을 발표했다. 그러자 소비자단체협의회는 개정이 필요하다면서 반박 성명을 냈다. 그렇다면 공정위는 어떤 취지에서 법 개정안을 냈을까? 스타트업계의 반대 의견을 공정위는 몰랐을까? 알았다면 어떤 논리가 규제가 필요하다고 했을까? 본래 규제영향분석서에는 왜 규제를 도입하는지 설명해야 한다. 그런데 그걸 찾아보기 어렵다.

규제영향분석서에는 반드시 써야 하는 항목들이 있다. 그런데 공정위는 성실하게 쓰지 않았다.[18] 경쟁영향평가, 중기영향평가, 시장 유인적 규제 설계, 일몰 설정 여부, 모두 해당하지 않는다고 했다. 스타트업계는 영향이 크다고 하는데 왜 공정위는 평가할 필요가 없다고 했을까?

그 이유를 보면 더욱 이해하기 어렵다. 예를 들어 기업 규모와 상관없이 적용되는 규제라서 중기영향평가가 필요 없다고 한다. 중기영향평가를 하는 이유는 자원이 풍부한 대기업과 달리 중소기업은 규제를 준수하기 어렵기 때문이다. 그래서 그 영향이 어느 정도인지 파악하고, 부담이 너무 크면 중소기업에는 규제를 유예하기 위해서다. 공정위는 규제영향분석서의 작성 취지 자체를 외면하고 있다.

규제의 논리도 앞뒤가 맞지 않는다. 예를 들어 국내 플랫폼 기업에 대한 역차별을 우려해서 이 법의 적용 대상에 해외 기업을 포함시켰다. 여기서 해외 기업은 국내에 지사를 둔 기업이 아니라 아예 외국에 있는 기업을 말한다. 예를 들면 해외 직구로 구매한 아마존 상품에 문제가 있을 경우 미국 아마존이 직접 소비자 불만을 처리하도록 우리나라 공정거래위원회가 지시하겠다는 의미다.

현실성이 떨어진다는 걸 공정위도 잘 알고 있다. 해외 기업 규제의 효과는 제한적인 반면, 법 준수를 위한 비용 및 집행 비용이 대폭 증가할 우려가 있다고 규제영향분석서에 명시되어 있다. 그렇다면 이런 치명적인 단점에도 불구하고 왜 하겠다는 것일까?

이에 대한 공정위 답변을 모 시민단체가 주최한 토론회에서 들을 수 있었다. 지금 당장 어렵다는 건 아는데 미래 언젠가는 되지 않겠느냐고 했다. 객관적으로는 어렵지만, 우리가 하고 싶으니 하겠다. 이게 지금 대한민국 규제의 현실이다.

우리나라는 규제를 만드는데 시간이 짧기로 유명하다. 그 속도는 점점 더 빨라지고 있다. 17대 국회 2,536건이던 상임위 법안소위 상정 법안 수가 20대에는 12,224건으로 늘었다.[19] 이에 반비례해서 법안당 평균 심사 시간은 절반으로 줄었다.

하루가 급한 스타트업에게 필요한 규제를 빨리 만들고 바꾸는 건 좋아 보인다. 문제는 빨리하려고 할수록 규제의 품질이 더 나빠진다는 점이다. 마치 러시안 룰렛처럼 어떤 결과가 나올지 모르는 상황에서 감으로 방아쇠를 당기고 있다. 규제가 시행착오를 거듭할수록 스타트업이 입는 피해는 기하급수적으로 늘어난다.

위험 관리 관점에서
접근해야

근거 기반 규제를 한다고 항상 모든 상황을 파악할 때까지 기다려야 하는 건 아니다. 그렇다고 발생할 수 있는 모든 부작용을 미리 막겠다고 규제를 해서는 안 된다. 그렇게 되면 결국 사전 규제로 작동해서 아무것도 못 하게 된다. 그렇다면 언제 어느 수준으로 규제를 해야 할까?

우선 피해의 정도가 중요하다. 큰 피해가 발생한다면 규제 수준을 높여야 한다. 반면 피해 규모가 작다면 우리가 치러야 할 불가피한 비용이라고 생각하고 넘어갈 수 있다. 피해를 복구시킬 수 있는지도 중요하다. 금전적으로 해결할 수 있다면 규제 수준을 낮춰도 된다. 만일 건강처럼 회복이 어려운 경우라면 규제 수준을 높여야 한다.

그렇다면 건강·안전·환경 규제는 무조건 강화해야 하나?

그렇지 않다. 이건 네거티브 규제처럼 우리가 당연하게 생각하지만 잘못된 규제 상식 중 하나다. 잘못되면 회복하기 어려운 만큼 철저한 관리가 필요하지만 그렇다고 규제를 비합리적 수준으로 무한정 강화하면 더 큰 문제가 생긴다. 혁신을 막아 경제적 피해가 발생할 뿐만 아니라 기술의 발전을 막아 건강상 피해까지 초래할 수 있다.

규제를 비현실적으로 강화하면 기업이 할 수 있는 선택은 규제를 무시하든지 아니면 회사 문을 닫든지 둘 중 하나다. 한 번 규제를 무시하기 시작하면 정말 지켜야 할 규제까지 무시하게 된다. 그러면 또 다른 문제를 불러일으킬 수 있다. 집행을 철저히 한다고 해서 문제가 없는 것은 아니다. 우리나라 기업이 망하면 그 자리는 수입품으로 대체된다. 관리가 더 어려운 수입품이 더 안전할 리는 없다.

건강 규제도 사정은 비슷하다. 의약품 규제를 지나치게 하면 결국 그 피해는 고스란히 국민의 몫이 된다. 안전한 의약품은 없다. 모든 의약품은 부작용이 있다. 만일 의약품 부작용을 이유로 승인을 안 하면 누구도 의약품 개발을 하지 않으려 할 것이다. 결국 신약은 나오지 않고 우리의 건강 관리는 더 좋아지지 않는다.

건강상 위험은 사람마다 다 다르다. 살아온 날보다 살아갈 날이 더 많은 20세 청년에게는 발암물질이 큰 위협이 되겠지만 생이 얼마 남지 않은 80세 노인에게는 사실 중요하지 않다. 이미 심장병 등 당장 생명을 위협할 질병들이 달고 산다. 발암물질에 불안해하기보다는 마음 편하게 먹고 싶은 걸 먹으면서 스트레스를 안 받는 것이 건강에 훨씬 좋다.

경제적 피해도 결코 무시하면 안 된다. 건강이 중요하지만 그렇다고 건강하기만 하면 행복한 것은 아니다. 자신의 꿈을 위해 아니면 생계를 위해 경제적 활동을 해야 한다. 경제가 흔들려 막장으로 내몰리면 사람이 살아도 산 게 아니다. 이런 이

스타트업 규제 개혁 아젠다

유로 영국은 코로나19가 종식되지 않았음에도 사회적 거리두기를 풀었다.

규제의 시점을 정하는 것은 정부에게 상당히 큰 부담이다. 근거 기반 규제를 하려면 얼마나 위험한지 판단한 후에 규제를 시작해야 한다. 발생 가능성이나 피해 정도를 평가하고 위험의 크기를 확인한 후에 시작해야 한다. 그렇다고 규제 시작 전에는 정부가 손을 놓고 있어도 된다는 말은 아니다. 시장 상황을 관찰하면서 데이터를 모아야 한다. 물론 피해 정도가 클 것으로 예상될 때는 규제를 할 수도 있다. 그렇다고 공포에 질려서 무한정 규제를 해서는 안 된다. 그렇게 되면 위험을 관리한다는 규제 본래의 취지가 사라진다.

이렇게 먼저 평가하고 나중에 규제한다는 것은 대학 강의에서 나오는 원론적 이야기이지 현실사회에선 적용하기 어렵다고 생각하는 분이 있을지 모르겠다. 그렇지 않다. 이미 우리는 위험 평가를 기반으로 정책을 운용하고 있다.

가장 쉬운 사례로 한국은행의 금리 정책을 들 수 있다. 한국은행은 경제 상황을 면밀하게 관찰하다가 경기가 살아나고 물가가 상승하면 인플레이션을 잡기 위해 금리를 올린다. 중요한 것은 시점이다. 너무 금리를 빨리 올리면 살아날 경제가 죽고 너무 늦으면 인플레이션을 감당하기 어려워진다.

경제 정책은 그렇다고 해도 국민건강이나 안전과 관련된 규제는 그렇게 하면 안 된다고 생각하는 분이 있을지 모르겠다.

그렇지 않다. 선진국들은 평가를 통한 규제가 가장 안전하고 합리적인 방법이라고 생각해서 이 원칙을 세계무역기구(WTO) 협정에 명문화시켰다. 물론 자국에서 규제를 설정할 때도 이 원칙을 철저히 지킨다.

우리나라는 위험 관리에 대한 이해와 확신이 상당히 부족하다. 위험을 관리하기보다는 위험 제로 사회를 꿈꾸고 위험을 회피하려고 한다. 위험을 회피하는 가장 좋은 방법은 안 하는 것이다. 그래서 금지하는 규제가 많다. 지금 우리가 맞닥뜨린 스타트업 규제들은 대부분 이런 성격을 갖고 있다. 생각만큼 규제 개혁은 만만하지 않다.

PART 2

모험의 시작,
규제 샌드박스

혁신의 모래판이 무너진다

스타트업의 희망, 샌드박스

작년 말 tvN에서 〈스타트업〉이란 드라마를 방영했다. 주인공들의 성공을 위한 노력과 애정 라인이 절묘하게 어우러지며 상당히 인기를 끌었다. 특히 해커톤, 번 레이트, 애크하이어 등 스타트업의 핵심적인 개념을 매회 부제로 설정하면서 재미와 학습의 두 마리 토끼를 잡았다.

주인공이 도전한 스타트업 양성 프로그램의 회사 이름이 샌드박스다. 여주인공의 아버지가 딸이 안전하게 그네를 탈 수 있도록 모래밭을 만들어주었다는 이야기를 듣고 회사 사장이 그렇게 지었다. 드라마에서 샌드박스는 실패로 상처 입을 수 있는 스타트업이 마음껏 꿈을 펼칠 수 있는 환경을 상징한다.

샌드박스는 드라마에만 있는 게 아니다. 스타트업이 어려워하는 규제 분야에도 있다. 바로 규제 샌드박스다. 기존 틀을 벗어나 신사업을 할 때 어떤 문제가 발생할지 모르니 안전하게 모래판에서 시도해보면 큰 피해 없이 성과를 확인할 수 있다는 취지로 만든 제도다. 일단 해보고 나온 결과를 바탕으로 규제한다는 점에서 앞 장에서 언급한 근거 기반 선허용 후규제 원칙을 실행하는 수단 중 하나다.

신사업에 대한 불안은 비단 우리나라에서만 겪는 일은 아니다. 다른 나라도 마찬가지다. 기존 규제가 신사업을 염두에 두고 만든 게 아니다 보니 걱정이 많다. 규제가 없어도 문제가 없는지, 신사업과 충돌하는 기존 규제를 어떻게 바꿔야 할지 고민할 수밖에 없다.

규제 샌드박스는 전 세계 60여 개국에서 운영 중인 제도다. 우리나라를 비롯한 영국, 싱가포르, 일본, 호주, 미국 등에서 운영하고 있다. 적용 분야도 금융을 비롯한 교통, 환경, 의료 등으로 확대되고 있다. 특히 핀테크 분야가 매우 활성화되어 있다. 세계은행이 핀테크 규제 샌드박스 제도의 의미와 성과를 평가하는 백서를 발간할 정도로 성공적이다.[20] 2019년 영국 금융감독청(FCA)의 제안으로 글로벌 금융 혁신 네트워크(GFIN)도 공식 출범했다.[21] 이 기구는 미국, 영국, 캐나다, 홍콩, 아랍에미리트 등 금융 강국의 감독기관을 중심으로 60여 개 기관이 회원으로 참여하고 있다.

규제 샌드박스
제도란 ─────

규제 샌드박스는 규제 여부를 확인하는 '신속확인', 기존 규제의 적용을 유예하고 실증 테스트를 하는 '실증특례', 정식허가 전에 시장에 신속하게 출시하도록 하는 '임시허가'의 3종으로 구성되어 있다.

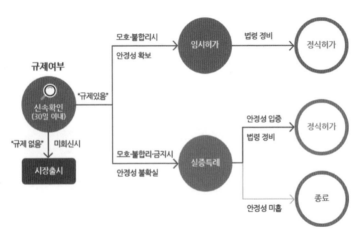

출처: 정부규제개혁포털(2021)

규제가 없거나 회신을 받지 않으면 바로 시장에 해당 제품이나 서비스를 출시할 수 있다. 규제가 있는 경우에는 실증특례나 임시허가를 받게 되는데 정부 설명에 따르면 규제가 모호하거나 불합리한 경우로 안정성이 확보되어 있으면 임시허가를 받을 수 있다. 안정성이 불확실하거나 규제에서 명확히 금지할 때는 실증특례를 해야 한다. 임시허가를 받거나 실증특례를 거쳐 안정성이 입증되면 법령 정비를 한 후 정식허가를 받게 된다.

출처: 정부규제개혁포털(2021)

현재 규제 샌드박스를 운영하는 부처는 모두 6개다. 국무조정실이 행정규제기본법에 따라 샌드박스를 총괄하고 있고 과기정통부, 산업부, 금융위, 중기부, 국토부가 소관 법률에 따라 각각 샌드박스를 운영하고 있다. 금융위를 제외하면 규제 샌드박스를 운영하는 부처와 실제 규제를 담당하는 부처가 다르다. 예를 들어, 의료 기기 규제 샌드박스를 받으려면 금융위를 제외한 5개 부처에 가서 신속확인이나 실증특례를 신청할 수 있다. 그러면 주관 부처에서 규제 담당 부처인 복지부나 식약처로 규제 여부를 확인하고 실증특례를 승인하는 방식으로 진행된다. 어느 주관 부처로 신청할지는 신청하는 사업자가 선택하면 된다.

2019년 제도 시행 후 2년 6개월 동안 모두 509건(21.9.9 기준)이 처리되었다.[22] 실증특례가 411건으로 전체의 80.7%를 차지한다. 임시허가는 65건(12.8%), 유권해석을 통해 사업을 허용한 적극행정이 33건(6.5%)이다. 부처별로는 금융위원회가 153건(30.5%)으로 가장 많고 산업부, 과기정통부 순으로 처리 건수가 많았다.

성과에 대한
상반된 평가 ─────

규제 샌드박스에 대한 평가는 호불호는 극명하게 갈린다.

우선 정부의 평가는 상당히 좋다. 국무조정실은 제도 시행 2년을 기념해서 성과자료집을 발간하면서 "규제 샌드박스에 대한 기업들의 인지도가 지속해서 상승 중이며, 만족도가 90%가 넘는 등 문재인 정부의 신산업 규제혁신의 아이콘으로 부각되고 있다"고 평가했다.[23] 410건의 과제를 승인하면서 1조 4천억 원 이상의 투자를 유치하고 2천 8백여 명의 일자리를 창출했다는 구체적 수치도 제시했다.

작년 말 실시된 정부의 만족도 설문조사에서도 인지도가 크게 상승하고 참여 기업의 90% 이상이 만족한다는 결과가 나왔다.[24] 샌드박스를 인지하고 있다는 답변이 전년 대비 27.4%가 상승한 70.7%, 샌드박스가 규제 완화에 긍정적 영향을 미친다는 평가도 전년 대비 7.1% 상승한 86.2%로 나왔다.

정작 스타트업계의 샌드박스에 대한 평가는 매우 부정적이다. 운영 과정의 투명성이 떨어져 규제 샌드박스가 아니라 규제 블랙홀이 되었다고 평가한다. 부처별 실적 경쟁을 하면서 스타트업보다 공무원 자신들만 생각한다고 비판한다. 실제 샌드박스로 어려움을 겪은 분들은 희망고문, 개미지옥[25]이란 말을 서슴지 않는다.

이런 상황에서 언론은 긍정적인 보도와 함께 부정적인 보도를 번갈아 내고 있다. "공유주방 위쿡 거쳐 565개 신규창업 성공"이라는 실제 성과를 평가하기도 하고,[26] "규제자유특구 유명무실하면 안 된다"처럼 제대로 안 되는 상황을 걱정하기도 한다.[27]

종합해보면 몇몇 성공사례가 나오기는 하지만 규제 샌드박스는 점점 실망스러워지고 있다. 실증특례를 받는 사례의 혁신성도 처음만 못하다. 규제 샌드박스의 주목적인 규제 개혁보다 선정 후 함께 지급되는 정부 R&D 자금에 더 많은 관심이 쏠리고 있다. 사실 이런 상황은 제도 시작 단계부터 예견되었다.

고장 난 규제 샌드박스

사라진
신속확인

신속확인은 규제 샌드박스의 출발점이다. 실증특례를 하든지, 임시허가를 받든지 우선 해당 제품이나 비즈니스 모델에 적용되는 규제를 파악해야 한다. 물론 확인 결과 규제가 없는 것으로 나오면 굳이 실증특례나 임시허가를 할 필요 없다. 바로 시장에 출시하면 된다.

이렇게 중요함에도 정부는 통계조차 제대로 제시하지 못하고 있다. 정부의 규제 샌드박스 대표 홈페이지에는 실증특례와 임시허가 통계만 있다. 2주년 성과 보고 보도자료를 보면 신속확인을 통해 규제가 없는 경우를 57건 확인했다는 언급만 있을 뿐 전체 신속확인 처리 건수가 얼마나 되는지 공개하지 않고 있다. 정부는 신속확인 후 규제가 있는 경우는 기업이 공개를 꺼린다고 주장하지만, 특정 기업의 비즈니스 모델이면 몰라도 처리 건수 자체를 공개하지 못하는 것은 이해하기 어렵다.

신속확인은 제도적 허점이 있다. 정부는 30일 이내 규제 부처가 회신하지 않으면 규제가 없는 것으로 간주한다고 했는데 이는 실제 법령과 차이가 있는 설명이다.

산업융합촉진법의 경우, 앞서 언급한 30일은 스타트업이 신청한 날부터 회신까지의 기간이 아니다. 산업부가 확인을 요청했을 때 해당 규제기관이 답변해야 하는 기한이다. 따라서 스타트업이 신청 후 60일 이후에 통보를 받아도 법령 위반은 아니다. 더 큰 문제는 회신의 내용이다. 행정기관이 검토에 시간이 더 걸린다고 회신을 하는 것도 회신으로 간주한다. 스타트업 입장에서 정말 얼마나 걸릴지 가늠하기 어렵다.

정부도 이런 문제를 잘 알고 있다. 2주년 성과 보고 보도자료에서 담당 공무원이 규제 없음을 확인하는데, 부담을 느끼는 경우가 있다고 언급하고 있다. 이를 개선하기 위해 적극행정위원회를 활용해서 담당 공무원이 유권해석을 잘못하더라도 책임지지 않도록 하겠다는 대책도 발표했다. 공무원이 해석에 대한 부담으로 신속확인을 꺼린다는 간접증거다.

뭘 증명할지 모르는
실증특례 _____

실증특례(實證特例)는 특별하게 규제의 적용을 유예하면서 실제로 증명한다는 의미를 가지고 있다. 여기에서 무게중심은 특례가 아니라 실증에 실려 있다. 특례는 실증을 위한 조건일 뿐 특례가 목적이 될 수 없기 때문이다. 그런데 지금까지 정부가 허용한 실증특례는 실증보다 특례에 초점을 맞추고 있다. 그렇다 보니 규제는 유예되는데 뭘 증명할지가 불확실하다.

손목시계형 심전도 장치는 2019년 2월 과기정통부가 규제 샌드박스 1호로 선정한 사업이다. 정부가 5대 대표성과 중 하나로 뽑을 정도로 성과가 있었다.[28] 과기정통부는 의사가 이 장치를 사용하는 환자로부터 전송받은 심전도 데이터를 분석한 후 환자에게 병원에 올 것을 안내하는 것으로 실증특례 범위를 정했다. 특례 지정을 계기로 회사는 333억 원의 투자를 유치했으며 회사 대표도 죽어가던 제품을 시장에 출시할 수 있었다며 제도의 필요성을 적극 홍보하고 있다.

그러면 실증사업을 통해 무엇을 증명했을까?

일단 기기의 기능은 실증 대상이 아니다. 과기정통부는 사업 시작 전에 식약처의 의료 기기 승인을 조건으로 달았다. 그렇다면 남은 것은 의사가 장치에서 전송받은 정보를 보고 내원 안내를 하는 행동이다. 이건 환자가 아프다고 전화를 하면 의사가 이야기를 듣고 병원으로 오라는 것과 같다. 지금도 얼마든지 할 수 있는 일이다. 단지 차이라면 사람 대신 기기가 정보를 보낸다는 점이다. 이미 의료 기기 승인을 받았으니 기기가 전송 오류를 일으킬 확률은 없다.

더 놀라운 것은 그다음이다. 20년 3월 복지부는 이 실증사업에 대해 '해당 규제 없음'이란 유권해석을 내렸다.[29] 의료법의 근거가 불투명하다는 당초 입장을 바꿨다. 근거가 불투명하다는 건 실증의 대상이 아니다. 원래부터 실증사업을 할 필요가 없었다. 물론 현실적으로 효과는 있었다. 실증특례 이후 의사단체가 반대했지만, 언론의 분위기가 의료 기기에 우호적으로 조성되면서 결국 복지부가 입장을 바꿀 수 있는 환경을 조성했다. 결국 이 사업의 실증 대상은 의료 기기의 성능이나 기술 규격이 아니라 기기에 대한 우호적인 여론이었던 셈이다.

실증특례가 실증이 아닌 특례 중심으로 운영한다는 점은 부처의 규정에서도 확인할 수 있다. 산업부에서 실증특례를 통과했다는 사실을 공고하는 문서의 명칭이 '실증을 위한 규제특례 확인서'다. 규제특례를 확인하는 데 초점이 맞춰져 있다. 실제 공고된 내용을 보면 무엇을 확인할지는 언급이 없다. 그렇다 보니 규제특례 확인서는 실증특례를 위한 하나의 준비 단계가 되었다. 확인서에 언급된 내용을 보면 대부분 해당 부처와 협의해서 사업을 진행하도록 조건을 달고 있다.

소규모 태양광 전력거래 플랫폼 서비스(21.3.11) 사례를 보면,

특례를 허용하는 법령의 조문을 명시한 것이 전부다. 1장짜리 확인서의 절반을 차지하는 조건에는 전기사업법 제16조의2(전기신산업 신고)를 준용하여 약관을 마련한 후 신고하되 산업부와 협의해서 정하도록 하고 있다. 요약해보면 일단 규제특례는 해줄 테니 나머지는 규제 부처와 알아서 진행하라는 의미다.

이처럼 실증특례가 본래 취지에서 벗어나 운영되면서 또 다른 문제가 생겼다. 2년이란 실증특례 기간 만기가 도래하기 시작했다. 그래서 나온 정부의 대책은 2년 더 특례 기간을 연장하는 것이다. 이에 따라 중기부 규제자유특구법을 비롯해서 관련 규정이 없는 규제 샌드박스 법률들이 개정되었다.

특례 기간이 연장된다고 문제가 해결되는 것은 아니다. 일단 실증사업은 여러 조건이 붙어 있다. 사업을 할 수 있는 지역도 제한된다. 이 사업 모델로는 수익성을 확보하기 어려운 경우가 대부분이다. 더 심각한 것은 이렇게 돌리는 폭탄이 언제 터질지 모른다는 점이다. 언젠가는 허용 여부를 결정해야 한다. 특례기간 연장을 홍보하는 정부나 정치권을 보면 답답할 따름이다.

차이가 없어진
실증특례와 임시허가 _____

실증특례가 실증이 아닌 특례 중심으로 운영되면서 임시허가와의 관계가 모호해졌다. 특례, 즉 기존 규제의 적용을 유예하는 것과 임시로 허가하는 것은 같은 말이다. 이미 현장에서는 샌드박스 운영 초기부터 실증특례와 임시허가를 구분하지 못했다.

산업부는 수소충전소 설치를 규제 샌드박스 1호 실증특례로 선정했다. 사실 내용을 보면 실증특례가 아닌 임시허가 대상이다. 그간 수소충전소를 설치하기 어려웠던 이유는 수소충전소 설치를 금지한 국토계획법 및 서울시 조례 때문이다. 수소 충전시설은 도시계획시설로 지정된 경우에만 가능했는데 현대차에서 신청한 5개 지역은 모두 지정이 되어 있지 않았다. 산업부는 법령을 정비한 이후 정식 인허가 절차를 진행하겠다고 발표했다.

그렇다고 수소충전소가 안전하다는 걸 증명하려고 했던 것도 아니다. 수소충전소는 주유소보다 더 위험하지 않다. 만일 더 위험하다고 했다면 국회 옆에 수소충전소를 설치할 수 없었을 것이다. 이 사업은 실증특례가 아니라 임시허가 처분을 받았어야 했다. 규제 샌드박스의 꽃이 실증특례고 수소경제의 상징인 수소충전소를 연결하려다 빚어진 촌극이다.

코나투스의 반반택시도 진행 상황을 보면 혼란스럽다. 기사가 주도하는 합승과 달리 반반택시는 앱을 통해 고객이 합승을 선택할 수 있다. 이 과정에서 안전 문제 등이 불거질 수 있어 실증특례 사업으로 선정되었다. 사업 결과 신용카드 등록, 실

모험의 시작, 규제 샌드박스

명 확인, 좌석 지정 등 다양한 안전장치를 통해 불안감을 해소시켰다는 평가를 받았다. 여기까지만 보면 성공적으로 진행된 실증특례다.

그런데 후속 조치가 의외였다. 당초 서울 12개 구와 심야 시간대로 한정되어 있던 호출 가능 범위를 서울 전역과 오전으로 확대하고 실증사업을 계속했다. 확인하고자 했던 안전성은 이미 1단계에서 확인이 끝났다. 서울시 13개 구를 더하고 심야보다 안전한 오전 시간까지 확대한다고 해서 문제가 생길 일은 없다. 그런데 무슨 이유에서인지 실증사업을 끝내지 않고 오히려 연장했다.

사업 주체인 코나투스가 정식허가를 받게 되면 대기업인 카카오택시와 경쟁하게 될 것을 우려해서 연장했다는 해석도 있다. 그렇다고 이미 실증이 끝난 사업을 계속하는 것은 바람직하지 않다. 만일 실증사업자에 혜택을 주려고 했다면 차라리 실증사업자에게 일정 기간 독점권을 주도록 제도 개선을 추진했어야 했다. 사실 임시허가를 줘도 사업의 독점적 지위는 상당 기간 유지할 수 있다.

폭주기관차가 되어간다

책임지지 않는
공무원

　실증특례가 사실상 임시허가처럼 운영되는데 왜 규제 샌드박스 실적 대부분이 실증특례일까?

　이유는 간단하다. 실증특례는 사업자가 책임지지만 임시허가는 공무원이 책임지기 때문이다. 임시허가는 임시라는 조건이 있다고 해도 허가는 허가다. 허가는 공무원이 판단하고 승인하는 걸 의미한다. 정식허가만큼은 아니지만, 공무원이 임시허가로 인한 결과에 대해 일정 수준 책임을 져야 한다.

　실증특례는 샌드박스 주관 부처가 져야 할 책임이 거의 없다. 단순히 신청 기업이 주관한다고 해서 그런 것은 아니다. 혹시라도 발생할 수 있는 논란을 해소하기 위해 이중삼중의 장치를 두고 있다. 책임보험은 기본이다. 규제특례를 승인할 때 각종 조건이 붙는다. 혹시라도 부담될만한 경우는 모두 조건에 담는다.

규제 샌드박스 운영 부처가 책임을 피할 수 있는 가장 확실한 방법은 규제 부처와 협의해서 진행한다는 단서를 다는 것이다. 이렇게 되면 실증특례 과정에서 문제가 생겼을 때 책임은 규제 부처가 져야 한다. 생색은 운영 부처가 내고 책임은 규제 부처가 져야 한다. 공유주방 규제 샌드박스를 적극적으로 활용해서 법제화한 식약처 같은 예도 있지만 대부분 부처는 소극적이다.

실증특례는 신청 기업이 책임을 져야 한다는 걸 모두 당연하게 생각하는데 정부의 다른 규제 개혁 정책을 보면 그게 아니란 걸 알 수 있다.

정부가 추진하는 규제 개혁 정책 중 '규제입증책임제'라는 제도가 있다. 민간이 규제 개선의 필요성을 입증하는 게 아니라 공무원이 규제의 존치 필요성을 입증하고 입증에 실패하면 규제를 개선하는 제도다. 소위 갑(甲)과 을(乙)을 바꾼다는 혁명적인 발상이다. 2019년에는 국민 생활과 관련된 행정규칙(고시 등)을 정비했고 2020년에는 법률·시행령·시행규칙으로 그 대상을 확대했다.

전형적인 조삼모사 정책이다. 신산업은 규제입증책임제가 시행되는 6개 분야 중 하나다. 이 정책을 적용하면 실증특례는 스타트업이 아니라 공무원이 책임지고 해야 한다. 규제 샌드박스는 스타트업에 입증 책임을 부과하면서 규제입증책임제는 공무원에게 입증 책임이 있다고 한다.

실증특례의 요건도 공무원의 책임을 기업에 떠넘기는 데 일조하고 있다. 지금 실증특례는 규제로 금지하는 경우만 하는 게 아니다. 정보통신융합법의 경우 기준·규격·요건이 불명확하거나 불합리한 경우에도 실증특례를 받도록 하고 있다. 불명확하다면 공무원이 명확하게 판단해줘야 하고 불합리하다면 기존 규제를 빨리 정비해야 한다. 그걸 왜 스타트업에 책임을 지우나? 이런 방식으로 제도가 설계되어 있다 보니 앞서 언급한 손목형 심전도 장치처럼 실증할 것이 없는 실증특례 승인이 당연하다는 듯 나온다.

여기서 끝이 아니다. 공무원은 실증특례 여부를 심의하는 위원회에 안건을 상정할지를 결정한다. 민간위원으로 구성된 위원회에서 실증특례나 임시허가의 적정성을 심사받으려면 우선 담당 공무원의 심사를 거쳐야 한다. 사실 공무원까지 가기가 쉽지 않다. 제도 운용 실무는 각 부처 산하 공공기관이 담당하고 있다. 샌드박스를 신청하려면 이들 기관의 사전 검토를 거쳐야 한다. 검토를 통과하지 못하면 아예 신청조차 하지 못한다.

위원회에 안건을 상정하려면 관련 부처의 동의를 얻어야 한다. ㈜모 인의 가상화폐 해외송금은 과기정통부 규제 샌드박스

1호 신청사업으로 심의위원회에 상정되었지만, 불법 환치기를 조장할 우려가 있다는 기재부와 법무부의 반대로 위원회를 통과하지 못했다. 실제 그런 문제가 있는지는 해봐야 알 수 있다. 규모를 작게 해서 시험을 하자는 게 규제 샌드박스의 취지다. 이미 시간은 지났다. 이제는 가상화폐 거래가 활성화되면서 마음만 먹으면 가상화폐를 이용한 환치기를 얼마든지 할 수 있다.

위원회 안건 상정에는 국회의원도 영향을 미친다. 쓰리알코리아는 약국을 찾기 어려운 환자를 위해 2013년 화상 투약기를 개발했다. 그동안 약사법에 막혀 사업화를 하지 못하자 이를 돌파하기 위해 2019년 규제 샌드박스 신청을 했다. 하지만 남인순 국회의원의 반대로 심의위원회에 상정되지 못했다.[30]

옥상옥인 제도
주관 부처 ──────

규제 샌드박스는 6개 법률에 따라 5개 부처가 운영하고 있다. 금융위원회는 소관 분야인 금융만을 대상으로 샌드박스를 운용한다. 반면 다른 4개 부처 샌드박스는 대상에 큰 차이가 없다. ICT 융합(과기정통부)과 산업융합(산업부)은 얼핏 범위가 제한적인 것처럼 보이지만 디지털 융합이 지금 변화의 핵심이라 실제로는 광범위하다. 규제자유특구(중기부), 스마트도시(국토부),

연구개발특구(과기정통부)는 지역을 제한하는 것이라 어떤 제품이나 서비스도 신청할 수 있다.

스타트업 입장에서는 당황스럽다. 하나의 제품·서비스를 가지고 5개 부처에 가서 신청할 수 있기 때문이다. 원하는 부처에 가면 된다고 생각하면 좋은 것처럼 보인다. 실상은 그렇지 않다. 성공할 가능성이 큰 신청은 모든 부처에서 받으려고 하지만 사회적으로 논란이 많은 신청은 어떤 부처도 받으려고 하지 않는다. 담당 공무원은 다른 부처에 가도 되는데 왜 자기 부처에 오느냐고 눈치를 준다. 이런 제안은 산하 공공기관의 사전 검토를 통과하기 어렵다.

이 문제는 2019년 정부가 규제 샌드박스를 시작할 때부터 예견되었다. 여러 부처가 같은 취지의 제도를 운영하는데 어느 부처로 가야 하느냐는 질문에 정부는 기업이 원하는 부처로 가면 된다고 답변했다. 불과 몇 년 전만 해도 상상할 수 없는 일이다. 과거에도 국민이 여러 기관을 찾아다녀야 하는 일이 있었지만 이렇게 대놓고 당연하다는 듯 이야기한 경우는 찾아보기 어렵다. 원스톱 서비스, 정부는 하나라는 원칙을 지키려고 노력했고 그 원칙이 무너지면 공무원은 부끄럽게 생각했다. 이제는 그런 모습을 찾아보기 어렵다.

규제 샌드박스 운영 부처와 규제 부처의 분리 문제는 논란이 있는 신청을 한 스타트업에 치명적이다. 운영 부처는 건수를 늘리기 위해 최대한 통과시키는데 막상 사업을 할 때가 되면 규제 부처의 벽에 막혀 일을 진행할 수 없다.

2019년 4개 스타트업은 소비자가 직접 의뢰하는 유전자검사 서비스를 신업부 실증특례로 신청했다. 보건복지부가 서비스의 범위를 질병으로 확대하는 것에 부정적이라 더는 외국처럼 범위를 넓힐 수 없었기 때문이다. 규제 샌드박스 시작 초기 관심이 집중되면서 4건 모두 실증특례 심의를 통과했다.

문제는 그다음이다. 서비스 범위에 질병이 포함되는 것은 부적절하다는 이유로 복지부 공용기관생명윤리위원회(IRB)는 해당 사업의 진행을 반대했다. 실증특례를 받은 이유가 질병을 서비스에 포함해보자는 것인데 IRB는 그게 부적정하다고 본 것이다. 결국 일부 업체만 대상 질병을 줄이는 방식으로 타협점을 찾아 사업을 시작했다. 해당 업체 관계자는 이럴 거면 뭐하러 실증특례를 허용했는지, 괜히 아까운 시간과 돈만 낭비했다고 하소연한다.

사실 이런 상황은 이미 예정되어 있었다. 실증특례를 인정할지 논의할 때부터 산업부와 복지부의 갈등은 심각했다. 산업부는 샌드박스 대표 성과로 밀어붙이려고 했고 복지부는 이미 하는 자기 부처 시범사업의 범위를 조정하면 되지 군이 실증특례를 받을 필요가 없다는 입장을 고수했다. 결국 타협점은 산업부가 특례 인정이란 명분을 취하고 복지부가 IRB를 통해 고삐를 잡는 실리를 취하는 것으로 정리되었다. 이 결과가 두 부처에게는 만족스러웠을지 몰라도 스타트업에게는 악몽의 시작이 되었다.

과기정통부 실증특례를 받았던 배달통 디지털 광고판 사례도 부처 간 협력 부족으로 스타트업이 피해를 본 사례다. 오토바이 배달통 디지털 광고판 '디디박스'는 통상 2년인 실증특례 기간을 6개월로 단축할 정도로 쉬운 안건으로 분류되었다. 그런데 특례 기간이 끝난 후 국토부는 특례 조건 완화를 거부했다. 기업 투자 유치가 아니라 안전성 확보를 위해 실증특례를 받았는데 이는 실증특례 지정 요건에 부합하지 않는다는 이유에서다. 이런 논리라면 처음부터 실증특례를 승인하지 말았어야 한다. 만일 실증특례 검토 단계에서 국토부가 적극적으로 참여해서 정식허가를 받으려면 어떤 조건을 충족시켜야 하는지 제대로 검토했다면 이런 혼란은 없었을 것이다. 결국 스타트업 대표는 신용불량자가 되었지만, 이에 대해 어느 누구도 책임지지 않았다.

금융위원회 규제 샌드박스는 사전 검열이 심하다는 핀테크 기업의 비판에도 불구하고 다른 부처가 운영하는 샌드박스에 비해 성과가 좋다. 최근에는 산업부 등이 승인 건수를 늘리면서 격차가 줄어들었지만, 금융위는 여전히 정부 실적의 1/3을 차지한다. 정성적 성과도 다른 부처보다 부족하지 않다.

스타트업 입장에서는 규제 부처를 직접 상대하는 게 여러모로 좋다. 칼자루를 쥔 부처라 부담스럽기는 하지만 어떤 결과가 나오든 나중에 뒤통수를 맞을 가능성은 적다. 이런 이유로 규제 샌드박스를 운영하는 다른 나라에서는 모두 규제 부처가 직접 샌드박스 신청을 심사한다.

점점 더 복잡해지는
규제 샌드박스

정부는 규제 개혁 대표 사이트인 규제 정보 포털을 통해 규제 샌드박스를 소개하고 있다. 사이트 소개된 내용만 보면 간단하다. 신속확인, 실증특례, 임시허가로 구성되어 있고 각 요소별 취지나 적용 조건도 명확해 보인다. 하지만 이런 설명만 믿으면 안 된다. 실제 부처별로 운영하는 규제 샌드박스는 상당히 다르다.

우선 금융위원회 샌드박스는 신속확인, 실증특례, 임시허가를 운영하는 다른 부처와 달리 신속확인과 혁신금융 서비스만 운영한다. 혁신금융 서비스가 실증특례와 임시허가를 통합한 것이라고 보면 된다.

정보통신융합법은 다른 법들과 달리 신속확인 대신 신속처리라는 용어를 사용한다. 단순히 용어만 다른 것이 아니라 의미에 차이가 있다. 다른 법률에는 규제 여부를 확인하는 절차만 있는데, 정보통신융합법은 규제 여부를 확인한 후 관련 인허가를 처리하는 것도 포함한다.

실증특례 신청 요건도 다르다. 정보통신융합법에서는 허가 신청이 불가능하거나 기존 법령이 불명확하거나 불합리한 경우 실증특례를 신청할 수 있도록 하고 있다. 반면, 산업융합촉진법에서는 허가 신청이 불가능하다는 점은 동일하지만, 불합리한 경우를 신제품에 맞는 기준이 없거나 기존 기준을 적용하는 것이 맞지 않는 경우로 제한하고 있다. 다른 법률들은 산업융합촉진법과 비슷한 방식을 취하고 있는데, 정작 정부의 규제 샌드박스 설명 자료에서는 정보통신융합법의 신청 요건 문구를 활용한다.

제품이나 서비스를 대상으로 하는 산업부(산업융합), 금융위(혁신금융)와 달리 중기부(규제자유특구), 국토부(스마트도시)는 지역을 대상으로 규제 샌드박스를 운영한다. 과기부는 제품(정보통신융합)은 물론 지역(연구개발특구)을 대상으로 2개의 제도를 운영하고 있다.

중기부의 규제자유특구는 절차가 복잡하기로 유명하다. 사업자의 신청을 받아서 관련 규제 부처와 협의해서 처리하는 과기정통부, 산업부와 달리 프로세스에 지자체가 추가된다. 지자체가 사업자의 신청을 받아 중기부에 신청을 하면 중기부는 관계 규제 부처와 협의를 거쳐 지자체에 통보하는 방식이다. 실증특례뿐만 아니라 신속확인도 이렇게 복잡한 절차를 거친다.

승인만 복잡한 게 아니라 사업 진행 과정의 관리 감독도 복잡하다. 규제특구의 실증사업은 중기부와 규제 부처, 시도지사가 공동으로 관리한다. 실증특례 사업자는 3개 기관에 진행 상황과 결과보고서를 제출해야 한다. 중기부에 제출하면 기관 간 공유하는 시스템이 아니다. 시어머니 셋을 모시고 사업을 해야 한다. 기관 간 다툼이 없기를 바랄 뿐이다.

처음부터 다시 설계하자

규제 샌드박스의
고삐를 잡아야

규제 샌드박스 실패의 가장 큰 피해자는 스타트업이다. 그렇다고 공무원이 대단한 수혜를 입는 것도 아니다. 필자가 현장에서 만난 규제 샌드박스 담당 공무원 중에는 어떻게든 개선해보려고 노력하는 경우를 심심치 않게 볼 수 있었다. 처음에 승인된 실증특례가 몇 건인지도 몰랐던 때에 비하면 격세지감이다. 그렇다고 본질이 달라지진 않았다. 오히려 점점 더 안 좋은 상황으로 가고 있다. 모 부처 국장급 공무원이 사석에서 도대체 왜 규제 샌드박스를 이렇게 복잡하게 운영하는지 모르겠다며 차라리 한 부처로 통합했으면 좋겠다는 풍문은 많은 것을 시사한다.

제도를 정비하려면 지금까지 제도가 어떻게 변해왔는지를 먼저 살펴볼 필요가 있다. 규제 샌드박스는 영국을 벤치마킹한 제도로 알려져 있는데 사실 우리나라가 원조다. 이미 12년 전에 비슷한 취지의 제도를 시작했다. 2009년 경제 활성화를 위해 규제 적용을 한시적으로 유예하겠다는 취지의 '한시적 규제 유예'를 도입했고 지금도 시행하고 있다. 증명의 의미는 없지만 규제 유예라는 점에서 규제 샌드박스의 실증특례와 맥을 같이 한다.

신속확인과 임시허가도 10년 전인 2011년 산업융합촉진법이 제정되면서 제도화되었다. 당시 명분은 융합 신제품·서비스에 제대로 대응하지 못하는 규제 부처를 산업부가 압박하겠다는 취지였다. 융합의 핵심인 정보통신을 관장하는 과기정통부는 맞대응 성격에서 2013년 정보통신융합법을 제정하면서 신속확인과 임시허가를 도입했다. 두 부처가 경쟁적으로 도입했지만, 정작 규제 부처의 소극적 대응으로 별다른 성공을 거두지 못했다.

이런 상황에서 2016년 기획재정부는 일본의 규제특구를 벤치마킹한 '규제프리존특별법'의 국회 통과를 추진했다. 하지만이 시도는 정권이 교체되면서 중기부의 지역특구법으로 제도화되었다. 이 와중에 금융위원회는 규제 샌드박스의 원조인 영국 모델을 벤치마킹해서 금융혁신법을 제정했다.

정부의 규제 샌드박스 정책과 별도로 국토부는 자동차, 항공과 같은 소관 규제에 대한 실증특례 산업을 진행해왔다. 그렇다 보니 정부에서는 4개 부처가 규제 샌드박스를 운영한다고 하는데 실제로는 5개 부처가 운영하는 이상한 모양새가 되었다. 작년에는 스마트도시법을 개정해서 국토부 주도의 규제 샌드박스를 공식화했다. 이런 흐름에 편승해 과기정통부도 연구개발특구법을 개정해서 규제 샌드박스를 도입했다.

규제 샌드박스 제도 관련 법률 현황

부처	근거 법률 (약칭)	주요일자			적용대상
		제정	개정	시행	
국무 조정실	행정규제기본법	97.8.22	19.4.16	19.7.17	기본원칙 및 방향 제시
과학 기술 정보 통신부	정보통신 진흥 및 융합 활성화 등에 관한 특별법 (정보통신융합법)	13.8.13	18.10.16	19.1.17	범부처 정보통신융합
	연구개발특구법	05.1.27	20.6.9	20.12.10	연구개발특구
산업통상 자원부	산업융합촉진법	11.4.5	18.10.16	19.1.17	범부처 산업융합
금융 위원회	금융혁신지원 특별법(금융혁신법)	18.12.31	–	19.4.1	금융위 소관 규제
중소벤처 기업부	규제자유특구 및 지역특화발전 특구에 관한 규제특례법 (지역특구법)	04.3.22	18.10.16	19.4.17	비수도권 대상 지자체
국토 교통부	스마트도시법	08.3.28	19.11.26	20.2.27	스마트규제 혁신지구

모험의 시작, 규제 샌드박스

이런 변천을 보다 보면 마치 강호의 무림 고수들이 활약을 펼치는 무협지를 보는 것 같다. 각자의 업무 영역을 넓히기 위해 지략을 발휘하면서 치열하게 싸우고 있다. 경기장은 크게 둘이다. 과기정통부와 산업부가 겨루는 융합기술·서비스가 있고 과기정통부와 국토부, 중기부가 겨루는 특구가 있다. 금융위원회는 소관 규제만 담당하기 때문에 홀로 가는 느낌이다. 아직 경기는 끝나지 않았다. 산업부에서 언제 산업단지에 규제 샌드박스를 적용할지 모른다. 연구개발특구나 스마트도시, 지역특구도 하고 있는데 산업단지라고 못할 바 없다.

배보다 배꼽이 커져 버렸다. 지금은 모두 5개 부처에서 6개 규제 샌드박스를 운영한다. 사실 스타트업에게 가장 중요한 규제는 핀테크와 함께 개인정보, 바이오헬스, 자율주행·드론이고 이와 관련된 부처는 4개 정도다. 제도 운용 부처보다 규제 부처 수가 적다.

선진국에서는 규제 부처가 규제 샌드박스를 자체적으로 운영한다. 우리처럼 제도 주관 부처를 따로 두지 않는다. 규제 부처가 알아서 잘 움직이면 굳이 제도 주관 부처를 따로 둘 이유가 없다.

그렇다면 이렇게 안 움직이는 규제 부처를 어떻게 움직일 수 있을까? 산업부나 과기정통부, 중기부가 나선다고 해결될 일은 아니다. 지금까지 안 되었고 앞으로도 어렵다. 괜히 오히려 규제 부처와 스타트업 사이에서 아무런 책임을 지지 않는 중개인이 나서면서 혼란만 더 커진다.

우리나라에서 규제 부처를 독려하는 기능은 국무총리의 몫이다. 행정규제기본법에 따라서 규제개혁위원회가 있고, 그 위원장이 바로 국무총리다. 국무조정실이 사무국 역할을 한다. 총리실이 규제 샌드박스를 총괄하고 규제 부처들이 직접 안건을 처리해야 한다.

공무원 아닌
스타트업 관점에서

제도 개혁의 출발은 관점의 전환이다. 공급자인 공무원 중심에서 수요자인 스타트업 중심으로 전환해야 한다. 너무나 당연한 이야기지만 현실은 여기에서 아주 멀리 있다. 규제 샌드박스는 다음과 같은 4가지 방향으로 개선되어야 한다.

가장 시급한 것은 6개로 나뉜 규제 샌드박스 제도의 통폐합이다. 중기부처럼 실제 규제 권한이 없는 부처는 샌드박스를 운영할 필요가 없다. 행정규제기본법으로 관련 규정을 통폐합해서 운영하면 된다. 규제자유특구와 같이 각 부처별 특구나 스마트도시 운영에 필요하다면 행정규제기본법에 따라 신청하도록 하면 된다. 지금처럼 여러 법률로 나뉘면서 법률간 차이로 인해 스타트업을 힘들게 하는 폐해부터 바도 잡아야 한다.

둘째, 투명성을 강화해야 한다. 규제 부처를 압박할 수 있는 가장 좋은 수단은 투명성이다. 신청 창구를 국무조정실로 일원화하고 온라인으로 신청하도록 해야 한다. 예전에는 당연하던 것이 이제는 특별한 것이 되었다. 다시 정상으로 돌아가야 한다. 기업의 비밀이 걱정되면 블라인드 처리하면 된다. 이렇게 하는 이유는 규제 부처가 스타트업을 압박해서 신청을 막는 일을 최소화하기 위함이다. 지금도 어려운 민원은 기업에 전화해서 신청을 철회하도록 하는 관행이 일부 남아 있다.

스타트업이 사전에 규제 부처의 검열을 받지 않고 신청할 수 있도록 해야 한다. 신청 내용이 부실해지는 것은 크게 걱정할 일이 아니다. 어차피 신청 내용이 부실하면 심의위원회 상정이 어렵다. 설령 상정되어도 탈락할 확률이 높아진다. 스타트업 입장에서는 당연히 완성도를 높이기 위해 부처의 컨설팅을 받으려고 한다.

셋째, 신속확인-실증특례-임시허가가 단계적으로 진행되도록 절차를 정비해야 한다. 신제품·서비스에 적용되는 규제가 무엇인지 확인하고, 적용되는 규제를 유예한 후 실증 사업을 한 다음, 그 결과를 검토해서 임시허가 조치를 하는 것은 당연한 순서다. 그런데 지금 관련 법률에서는 3개 제도를 연계성이 없이 각각 운영하도록 규정하고 있다. 그래서 신속확인이 사라지고 실증특례가 임시허가와 비슷해지는 현상이 발생한 것이다.

넷째, 실증특례 계획에 측정 지표 항목을 추가하고 강제 상정 제도를 도입할 필요가 있다. 연구 사업 계획의 성과 지표처럼 기획 단계에서 증명할 내용과 관련된 지표를 설정해야 한다. 그래서 실증이 끝난 후 측정 지표 결과를 보고 임시허가 여부를 결정할 수 있어야 한다. 이렇게 하려면 기획 단계에서 소관 규제를 담당하는 공무원의 자문이 꼭 필요하다. 공무원도 실증 사업을 통해 규제 설계에 필요한 정보를 확보하면 책임 부담을 줄일 수 있다.

일정 기간이 지난 후 신청 기업이 요청하면 반드시 심의하도록 해야 한다. 다수의 안건이 접수했음에도 정부 부처의 반대로 상정이 무산되고 있다. 신청한 스타트업은 당연시 심사를 받은 후 결과를 통보받을 권리가 있다. 그래야 다음 단계로 사업을 진행할 수 있다.

규제 개혁의
플랫폼으로

스타트업계에서는 규제 샌드박스에 대해 반신반의하는 분위기다. 잘 되면 좋겠지만 과연 달라지겠느냐면서 회의적이다. 개별 스타트업의 제안이라 규제 개혁에서 커다란 파급 효과를 기대하기 어렵다는 이야기도 들린다.

실제 규제 샌드박스에 접수되는 안건을 보면 사소한 제안들이 적지 않다. 예전에도 현장 애로사항으로 신청하는 규제를 보면 산업 전반에 파장을 일으킬 큰 규제가 아닌 경우가 많았다. 신청한 기업에만 해당하는 예도 있다. 비즈니스 모델을 성공시키려면 여러 규제를 해결해야 하는데 당장 눈에 보이는 규제의 개선만 요구하는 때도 있다.

규제 샌드박스만 보면 제도의 한계가 있지만, 규제 개혁 전체 그림에서 바라보면 규제 샌드박스는 빅데이터를 제공하는 보물 같은 존재다. 정부의 규제 혁신 과제는 모두 15개 트랙으로 진행된다. 이중에서는 신산업 현장제기 규제 혁파 과제, 혁신 성장 규제 혁파 과제처럼 신산업과 밀접하게 관련된 트랙이 있다. 스타트업이 어떤 분야에서 신속확인이나 실증특례를 주로 요청하는지 확인해보면 정부가 지금 해결해야 할 규제 개혁 과제를 파악할 수 있다.

신속확인 요청이 많은 들어오는 규제 분야는 가장 먼저 규제 입증책임제를 적용해야 할 곳이다. 여러 건이 동시에 들어오면 굳이 한 건씩 검토할 필요가 없다. 여러 신청을 함께 모아보면 해당 분야에서 어떤 규제가 문제인지 쉽게 파악할 수 있다. 지금처럼 규제입증책임제 대상 과제를 따로 조사할 필요가 없다. 국무조정실에서 접수된 상황을 보고 해당 규제를 조사하도록 부처에 지시하면 된다.

실증특례도 마찬가지다. 3건 이상의 실증특례가 접수되면 개별 스타트업이 아닌 정부 차원에서 실증 사업을 진행하고 그 결과에 따라 규제를 개혁하면 된다. 예를 들어, 2019년 소비자 직접의뢰 유전자검사 서비스의 경우 4개 스타트업에서 신청했다. 이후 복지부 윤리 심의(IRB)를 거치면서 사업은 지지부진한 상태가 되었다. 개별 스타트업의 제안은 조금씩 다르지만 사실 핵심은 하나다. 검사 서비스 대상에 질병을 어느 정도 포함할지다. 그러면 여기에 초점을 맞추고 복지부가 스타트업과 함께 실증 사업을 하면 된다. 복지부가 소극적이면 대통령과 총리가 독려하면 된다.

다가온 미래, 블록체인

블록체인과 암호화폐의 이해

블록체인이란 ───────

블록체인(blockchain)은 각각의 기록을 가진 블록과 블록을 연결한 구조를 말한다. 블록은 헤더와 바디로 구성되며 헤더에는 이전 블록의 해시, 타임 등 기본 정보가 들어가고 바디에는 일련의 거래기록이 들어간다. 이전 블록 해시는 새로 생성되는 블록이 유효한지 검증하는 데 활용된다.

이런 작업은 어느 한 컴퓨터가 아니라 네트워크로 연결된 여러 컴퓨터를 통해 분산 처리된다. 이때 참여하는 컴퓨터를 노드라고 하고 중앙서버를 거치지 않는 피어 투 피어(peer-to-peer) 방식이라 탈중앙화되었다고 말한다. 블록체인 정보가 모든 컴퓨터에 기록되기 때문에 누구도 임의로 수정할 수 없고 누구나 그 기록을 확인할 수 있다.

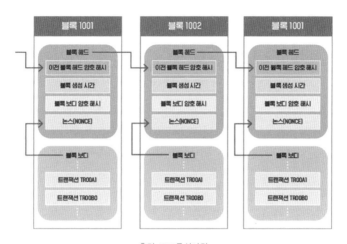

출처: SW 중심사회

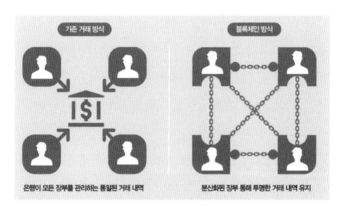

출처: SW 중심사회

블록체인을 활용한 첫 번째 암호화폐는 '비트코인'이다. 비트코인 이외에도 블록체인 기술을 활용해서 많은 암호화폐(cryptocurrency)가 개발되었다. 처음 개발된 비트코인과 구분해서 이들을 '알트코인'이라고 한다. 대안이라는 의미의 얼터너티브(alternative)와 코인(coin)을 합성한 단어다.

대표적인 알트코인으로 이더리움, 리플, 테더, 에이다 등이 있다. 가격 변동이 큰 다른 코인과 달리 테더는 미국 달러와 같은 기축통화에 연동되어 있다. 이런 통화를 안정적(stable)이라는 의미로 '스테이블 코인'이라고 한다.

암호화폐는 크게 3세대로 분류한다[31]. 1세대는 비트코인으로 거래원장 기능에 충실한 코인이다. 2세대는 이더리움으로 계약 조건을 블록체인에 기록하고 조건이 맞으면 중간에 사람이 개입하지 않고 자동으로 계약이 처리되는 스마트 계약 기능이 추가되었다. 3세대는 에이다로 코인 채굴 방식을 바꿔서 전기 소모를 줄이고 처리 속도를 높였다.[32] 기존에는 작업증명식(PoW)이라고 해서 채굴을 많이 한 사람이 많은 보상을 받았는데, 에이다는 지분증명방식(PoS)으로 암호화폐를 소유한 만큼 채굴 권한을 준다.

스마트 계약 기능은 게임은 물론 부동산 거래 등 우리 실생활에서 반복적으로 일어나는 많은 거래에 적용할 수 있다. 이를 위해서는 이더리움과 같은 플랫폼에 기반을 둔 맞춤형 애플리케이션이 필요한데 이를 디앱(Decentralized Application, DApp)이라고 한다. 이더리움 기반 디앱이 21년 6월 말 기준 3,549건으로 가장 많으며 지속적으로 증가하고 있다.[33] 대표적인 디앱으로 스테이블 코인 테더가 있다. 테더는 자체 플랫폼을 사용하

지 않으며 이더리움, 트론 등 8개 블록체인 네트워크를 사용하고 있다.[34]

암호화폐에 대한 관심이 높아지면서 블록체인은 곧 암호화폐로 알려져 있는데 사실 그렇지 않다. 블록체인 기술은 물류, 문서, 의료정보, 저작권 등 높은 보안성이 필요한 분야에서 다양하게 활용되고 있다.

에스토니아는 전자정부 구축에 매우 적극적인 국가이다. 1997년 e-Governance를 시작한 후 학교와 세무업무는 물론 신원증명과 투표까지 그 영역을 확대했다. 그런데 2007년 러시아의 사이버 공격을 받는 상황이 발생했다. 이러한 취약점을 해결하기 위해 KSI 블록체인을 도입했다.[35] 에스토니아 이외에 스페인, 미국에서도 일부 정당과 지자체가 블록체인 기반 투표 시스템을 활용하고 있다.

우리나라도 다양한 분야에서 블록체인 기술을 활용하고 있는데 우리가 아는 대표적 사례로 코로나19 예방접종 증명서 시스템(COOV)이 있다. 백신을 맞은 사람은 사회적 거리두기에서 예외를 인정받는다. 그렇다고 병원에서 발급한 종이 증명서를 가지고 다닐 수도 없다. 예방접종은 중요한 개인정보이기 때문에 국내 포털회사에 맡기기도 어렵다. 그래서 블록체인랩스는 질병관리청과 협력해서 휴대폰에서 다운로드 받아 쓸 수 있는 블록체인 기반 증명서 앱을 개발했다.

블록체인 기술이 큰 영향을 미칠 분야 중 하나로 식품이력추적 시스템이 있다. 몸에 해로운 식품은 빨리 회수해야 한다. 가짜 원료를 사용한 경우도 마찬가지다. 식품회사는 자신이 생산한 식품이 어디로 유통되는지, 식품생산에 사용된 원료가 어디서 들어왔는지 평소 철저하게 관리를 해야 한다.

자기 회사가 식품을 직접 구매하거나 판매한 업체에 대한 기록 관리는 쉽다. 정신 차리고 꼼꼼하게 기록하면 된다. 그런데 협력사를 통해 그 앞단 또는 뒷단의 회사까지 구매판매 이력을 관리하도록 유도하는 것은 상당히 어렵다. 유통단계가 많거나 수출입을 하는 경우는 난이도가 더 높아진다. 이런 상황에서 다른 회사 이력 관리 기록의 위변조 여부까지 확인하는 건 사실상 불가능하다.

이럴 때 힘을 발휘하는 것이 블록체인 기술이다. 중앙에 서버를 두고 관리하는 시스템이 아니라 각자 기록하는 시스템이다. 식품회사 입장에서는 블록체인으로 기록된 정보만 확인하면 된다. 블록체인은 위변조가 불가능하기 때문에 기록의 진위를 검증할 필요도 없다. 이미 미국 월마트, 프랑스 카르푸, 스위스 네슬로, 영국 유니레버에서는 예비 테스트를 진행했다.

블록체인은 참여 대상이 누구인지에 따라 퍼블릭, 프라이빗, 컨소시엄으로 구분할 수 있다. 퍼블릭 블록체인에서는 누구나 참여해서 읽고 쓸 수 있다. 그렇다고 참여자가 누구인지 알 수 있는 것은 아니며 많은 사용자가 참여하기 때문에 처리 속도가 느리다. 반면 프라이빗 블록체인은 초대받은 사용자만 읽고 쓸 수 있다. 당연히 누가 참여했는지 확인할 수 있으며 소수가 참여하기 때문에 처리 속도가 빠르다. 컨소시엄 블록체인은 프라이빗과 퍼블릭의 중간으로 각 방식의 장점을 극대화시킨 모델이다.

블록체인 유형별 특징 비교

블록체인 유형	퍼블릭	프라이빗	컨소시엄
허가가 필요 없나요?	네	아니오	아니오
누가 읽을 수 있나요?	누구나	초대된 사용자만	경우에 따라 다름
누가 쓸 수 있나요?	누구나	승인된 참여자만	승인된 참여자만
소유자	없음	단일 주체	복수 주체
참여자를 알 수 있나요?	아니오	네	네
처리 속도	느림	빠름	빠름

출처: 바이낸스 아카데미(2021)

블록체인과
암호화폐

위변조를 막아주는 블록체인이 유망하고 기술 활성화를 위해 정부 정책이 필요하다는 점에는 대부분 동의한다. 이런 차원에서 정부는 2018년 「블록체인 기술 발전 전략」을 수립했고 2020년에는 7대 분야(온라인 투표, 기부, 사회복지, 신재생에너지, 금융,

부동산 거래, 우정)를 집중 육성하는 「블록체인 기술 확산 전략」으로 개편했다.

정작 블록체인 기술을 처음 증명한 암호화폐에 대해서는 큰 시각 차이가 있다. 기술의 관점에서 세상을 바라보는 과학기술계나 태어날 때부터 디지털에 친숙한 청년 세대는 암호화폐에 대해 긍정적이다. 반면 경제사회학적 관점에서 세상을 바라보는 인문사회계나 금과 같은 실물에 익숙한 장년 세대는 암호화폐에 대해 부정적이다. 이들은 블록체인 기술만 활용하고 거품인 암호화폐는 폐기하자고 주장한다.

만일 이들의 주장대로 암호화폐를 폐기한다면 어떤 일이 일어날까? 블록체인을 활용해서 할 수 있는 일의 절반도 못 하게 된다.

블록체인이 작동하려면 분산화된 시스템에서 계속 블록이 유효한지 검증을 해야 한다. 이러한 검증 작업을 하려면 참여자에게 돌아갈 인센티브가 필요하다.

블록체인 기술은 참여 제한 여부에 따라 퍼블릭, 프라이빗, 컨소시엄의 3가지로 구분할 수 있다. 프라이빗과 컨소시엄 방식은 참여 자체가 일종의 인센티브다. 예를 들어 블록체인을 활용한 송금 시스템을 운용하면 금융회사는 송금 비용을 줄일 수 있다. 굳이 블록체인 검증에 참여한다고 해서 금전적인 대가를 따로 줄 필요가 없다. 때로는 송금 시스템에 참여하기 위해 별도의 비용을 내야 할 수도 있다.

누구나 참여할 수 있는 퍼블릭은 다르다. 블록체인 검증에 자신의 시스템을 활용했다면 이에 대한 금전적 보상이 있어야 한다. 시스템 운용은 자신의 시간은 물론 많은 장비와 전력이 필요하기 때문이다. 암호화폐가 바로 보상이다. 만일 암호화폐를 금지한다면 누구나 참여할 수 있는 퍼블릭 블록체인을 금지하는 결과를 가져오게 된다.

암호화폐와
가상자산

암호화폐와 관련해서 다양한 용어를 사용하고 있다. 암호화폐 이외에도 디지털 화폐, 가상자산, 가상화폐, 코인, 토큰 등이 있다. 블록체인이란 파괴적 기술이 도입되면서 큰 파장을 일으키고 있다. 특히 기술과 개념 개발을 주도한 소프트웨어학자와 지금의 경제 시스템을 개념화한 경제학자의 충돌이 거세다. 이들이 자신의 분야 관점에서 기존 단어를 활용해서 용어를 만들다 보니 용어 사용이 상당히 혼란스럽다.

과연 여러 용어의 의미는 무엇일까? 어떤 차이가 있을까?

디지털 화폐(digital currency)는 디지털 형태로 발행된 화폐를 말한다.[36] 디지털 화폐 중에는 정부가 관리하는 전자화폐(e-money)와 그렇지 않은 화폐가 있다. 정부가 관리하는 화폐로는 교통카드가 있다. 개인이 마음대로 교통카드를 만들 수 없다. 법에 따라 신청하고 승인을 받아야 한다. 휴대폰 결제를 통해 충전하는 각종 페이들도 모두 여기에 해당한다. 정부가 관리하지 않는 대표적 화폐는 비트코인이다.

가상화폐(virtual currency)는 명목화폐(fiat currency)처럼 교환과 가치 저장의 수단이지만 어떤 정부도 그 가치를 보장해주지 않는다는 점에서 다르다.[37] 가상화폐는 교환이 가능한 경우와 그렇지 않은 경우로 구분된다. 비트코인은 명목화폐로 바꿀 수 있지만 월드 오브 워크래프트의 골드는 명목화폐로 바꿀 수 없어서 정해진 가상세계에서만 의미가 있다. 가상화폐는 중앙 관리자가 있는지 여부로 구분하기도 한다. 월드 오브 워크래프트 골드는 개발사인 블리자드 엔터테인먼트가 관리하는 반면, 비트코인은 중앙 관리자가 없다.

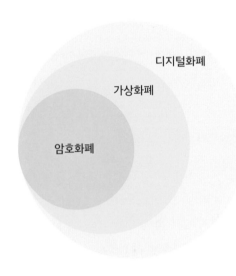

암호화폐(cryptocurrency)는 가상화폐 중에서도 블록체인과 같은 암호화 기술을 사용하는 화폐를 말한다. 월드 오브 워크래프트의 골드는 가상화폐지만 암호화 기술을 사용하지 않는다.

코인과 토큰은 경제학계가 사용하는 의미와 블록체인 업계가 사용하는 의미가 다르다. 경제학계 기준은 명목화폐다. 그래서 동전이라는 의미를 가진 코인보다는 명목화폐를 보조한다는 토큰이라는 용어를 주로 사용한다. 오래전 버스 탈 때 사용하던 버스 토큰을 생각하면 이해하기 쉽다. 블록체인 업계에서는 독자적인 구조와 시스템을 가진 블록체인 네트워크를 메인넷이라고 한다. 비트코인, 이더리움과 같이 메인넷에서 사용되면 코인이라고 하고, 테더처럼 이더리움 등 다른 메인넷을 이용해서 하나의 생태계를 만들면 토큰이라고 한다.

스위스 금융당국(FINMA)에서는 토큰을 크게 3개 유형으로 분류했다.[38] 실생활에서 화폐처럼 사용할 수 있는 결제 토큰(payment tokens), 블록체인 기반 인프라를 통해 신청이나 서비스에 전자적으로 접근할 수 있는 권한을 주는 유틸리티 토큰(utility tokens), 그리고 주식, 채권, 파생상품과 같은 자산 토큰(asset tokens)이 있다.

이러한 3개 유형을 좀 더 자세히 살펴보도록 하자. 참고로 아래 설명은 필자가 FINMA의 정의를 재해석한 내용이다. 토큰 기능의 분류는 방향을 잘 잡고 있어 앞으로 변동 가능성이 작아 보인다. 다만, 그 해석의 범위는 다양한 토큰이 개발될수록 더욱 늘어날 것으로 보인다.

암호화폐는 결제 토큰에 해당하는 용어다. 미국에서는 비트코인으로 테슬라나 햄버거를 살 수 있다. 이때 비트코인은 결제 토큰으로 사용된 것이다. 암호화폐는 중앙은행이 가치를 책임지는 명목화폐와 달리 누구도 그 가치를 보장하지 않는다.

유틸리티 토큰은 특정 회사의 상품이나 서비스를 이용 및 구매할 수 있는 권한을 가진 토큰이다. 놀이동산 입장권이나 회의에 참석해서 발언할 수 있는 권한이 여기에 해당한다. 이더리움 등 많은 암호화폐가 메인넷에 접근하는 데 필요하다는 점에서 유틸리티 토큰 성격을 갖는다.

자산형 토큰은 말 그대로 자산 기능이다. 자산은 유·무형의 가치물로 정의되며 매우 포괄적이다. 회사의 주식이나 채권과 같은 토큰은 기본이다. 부동산과 같이 실물자산의 권리를 쉽게 사고팔기 위해 개발한 토큰이 있다. 디지털 작품의 원본임을 증명하는 대체 불가능 토큰(NFT, Non-Fungible Token)도 있다. 예술품에 대한 소유권을 디지털 증서로 만들어서 블록체인으로 거래하기도 한다.

하나의 토큰이 꼭 하나의 기능만 하는 것은 아니다. 사용 목적에 따라 지불, 유틸리티, 자산 기능을 동시에 할 수 있다. 예를 들어 유니스왑을 이용하려면 이더리움으로 사용료를 내야 한다. 이때 이더리움은 메인넷에 접근할 수 있는 권한을 주는 유틸리티 기능과 함께 대가를 지불하는 결제 기능을 동시에 한다. 투자금 유치를 위해 이더리움을 발행했고 미래 가치를 보고 구매를 했다면 자산에 해당한다.

암호화폐와
메타버스

코로나19의 C를 따서 C세대라는 용어가 나왔다. 선생님을 직접 만나기보다 컴퓨터 화면을 통해 더 자주 만난 세대를 말한다. 작년에 입학한 초등학생들에게 학교는 실물과 가상이 혼재된 세상이다.

코로나19도 아이돌에 대한 10대 팬들의 열정을 막을 수 없었다. 전염병 확산에 대한 우려로 인해 이제 온라인에서 콘서트가 열린다. 실물 영상과 아바타가 함께 공연하기도 한다. 그렇다고 무료는 아니다. 현장 콘서트보다 입장료는 싸지만, 더 많은 해외 팬들이 비행기를 타지 않고 참여할 수 있어 수익은 예전 못지않다.

올해 초 나스닥에 로블록스라는 스타트업이 상장되었다.[39] 2003년 창업한 이 회사는 사용자들이 직접 게임을 만들고 다른 사용자가 만든 게임을 즐길 수 있는 가상공간을 제공한다. 로블록스를 이용하는 것은 무료이고 로벅스(Robux)라는 가상화폐로 게임 이용권을 구매할 수 있다. 2021년 5월 기준 1억6천만 명의 활성 사용자를 보유하고 있고 미국의 16세 미만 어린이 절반 이상이 참여할 정도로 인기다. 지난해 300명의 개발자는 평균 1.1억 원의 수익을 벌었다고 한다.[40]

네이버는 제페토라는 게임을 개발했다. 나를 닮은 멋있고 예쁜 아바타가 가상의 공간에서 친구들을 만나서 함께 춤을 출 수 있다. 좋아하는 아이돌의 아바타를 만나 공연을 보고 함께 사진을 찍을 수 있다. 사용자가 직접 아이템을 만들어 팔 수 있고 구찌 명품을 사면서 현실에서는 어려운 또 다른 만족감을 느낄 수도 있다. 가입자 수가 2억 명에 달하고 이 중에 90%가 해외 이용자다. 10대가 80% 정도로 제페토는 K-pop의 바람을 확실히 탔다.[41]

블록체인을 기반으로 하는 디센트럴랜드도 흥미롭다. 내 아바타가 가상의 공간에서 움직인다는 것은 로블록스나 제페토처럼 비슷하다. 싱가포르의 10배 크기인 가상의 토지 거래를 기본으로 한다는 점에서는 다르다. 토지를 사서 건물을 지을 수 있고 그 토지를 다른 사람에 팔 수도 있다. 블록체인으로 그 땅의 소유자임이 증명하기 때문에 게임개발사가 거래에 관여하지 않는다.

최근에는 게임과 같은 여가생활의 수준을 넘어 업무에 가상 세계를 접목하는 시도가 진행되고 있다. 페이스북은 올해 8월 호라이즌 워크룸을 공개했다. 오큘러스라는 VR 고글을 끼고 입장해서 실제처럼 PPT 발표를 하고 노트북도 사용한다.[42] 마이크로소프트는 메시(Mesh)를 선보이며 비슷한 시도를 하고 있

스타트업 규제 개혁 아젠다

다.[43) 물론 지금은 실물과 다른 아바타가 움직이고 VR 고글을 오래 착용하면 피로감을 느끼는 한계가 있다. 하지만 기술이 발전해서 이런 문제들이 해결되면 굳이 회사에 출근하지 않고 VR 고글을 쓴 채, 마치 동료가 옆에 있는 것처럼 함께 일할 수 있는 때가 온다.

블록체인과 암호화폐는 빠르게 발전하는 메타버스에 날개를 달아줄 것이다. 우선 두 개의 가상공간을 연결해준다. 로블록스나 제페토는 물론 호라이즌 워크룸이나 메시 모두 하나의 가상공간이다. 개발사가 모든 것을 통제한다. 다른 가상공간과는 연결되지 않는다. 마치 해외여행이나 무역을 금지한 국가처럼 말이다.

하나의 가상공간에서는 굳이 블록체인이 필요하지 않으나 두 개의 가상공간을 넘나들 때는 상황이 달라진다. 무엇이 진짜인지 확인이 필요하다. 이걸 해 주는 게 바로 블록체인이다. 마치 여권처럼 아바타가 진짜인지는 물론, 아이템이 진짜인지도 확인해줄 수 있다.

예를 들어 리니지에 있는 '진명황의 집행검'이란 아이템은 1억 원이 넘는 금액에 거래되었다. 그렇다고 소유권을 온전히 인정받는 것은 아니다. 게임사가 소유권 이전을 막기 때문에 계정을 통째로 넘겨야 한다. 블록체인을 이용하면 이 아이템은 게임 세상 밖에서 사고팔 수 있다. 아이템에 대한 소유권을 온전하게 인정받는다. 아이템은 블록체인 상에 존재하기 때문에

게임회사가 게임 서비스를 중단해도 온라인상에서 가치를 인정받을 수 있다.

이렇게 연결될 수 있는 가상공간은 두 개로 한정되지 않는다. 마치 지구상에 200여 개의 국가가 있는 것처럼 수백, 수천 개의 가상공간이 존재할 수 있다. 이런 가상공간을 연결하는 시스템은 어느 누가 독점할 수 없다. 누구나 참여할 수 있도록 개방적으로 운영된다. 블록체인을 개방적으로 운영하려면 검증에 대가를 지급해야 하고 암호화폐는 필연적이다.

이미 소프트웨어 업계에서는 이런 미래를 염두에 두고 움직이기 시작했다. 마이크로소프트는 온라인 신원을 인증하는 방법으로 비트코인의 블록체인을 사용하는 ION 분산 식별자(DID) 네트워크를 출시했다.[44] DID는 온라인에서 제3자의 서버 없이 애플리케이션이나 디지털 거래에 필요한 인증을 구현한다. 여기에는 다양한 암호화폐 사업자와 기술팀이 참여했다.

시장에 적응하는 암호화폐

이념 대신
현실을 선택

2008년 10월 사토시 나카모토는 블록체인 기술을 활용해서 비트코인을 개발했다.[45] 2009년 1월 최초의 블록이 마이닝 되었으며 같은 해 12월 처음으로 비트코인 거래가 이루어졌다. 비트코인을 유지하려면 많은 컴퓨터가 서로 연결되어 블록을 계속 기록해야 한다. 전기세, 장비 구매에 큰 비용이 들어가는 이 작업을 누군가 공짜로 할 수는 없다. 그래서 블록에 기록된 암호화된 거래 내용을 빨리 푸는 데 성공한 사람에게 비트코인을 보상으로 준다.

사토시는 최초의 블록에 "재무장관, 은행에 두 번째 구제금융 임박(The Times 03/Jan/2009 Chancellor on brink of second bailout for banks)"이라는 문구를 남기며 중앙은행이 화폐의 가치를 훼손하는 행위를 비판했다. 2008년 금융위기가 비트코인 개발의 직접적 동기로 알려져 있는데 사토시가 비트코인 백서를 쓰기 시작한 시점은 금융위기 발생 이전인 2007년이다.

비트코인은 금융위기 이전인 1980년대부터 시작된 사이퍼펑크(Cypherpunk) 운동에 뿌리를 두고 있다.[46] 1980년대 데이비드 차움 박사는 거래 당사자의 신원을 알 수 없는 익명 거래 시스템을 제안했으며 1990년에는 최초의 상업적 화폐인 이캐시(ecash)가 개발되기도 했다. 사이퍼펑크 선언을 보면 이들은 컴퓨터와 인터넷의 발달로 정부와 대기업이 개인의 사생활 관련 정보를 수집하는 상황에서 프라이버시 보호를 위해서는 익명의 거래 시스템이 필요하다고 생각했다.

암호화폐 지지자들이 미국 달러를 비롯한 법정화폐를 비판하는 가장 큰 명분은 정부나 대기업의 영향을 받지 않는 탈중앙화다. 탈중앙화라면 특정인의 영향력에서 벗어나야 한다. 지금 암호화폐는 이런 본래 취지를 구현하고 있을까?

암호화폐의 의사결정 구조는 온체인(On-Chain)과 오프체인(Off-Chain)으로 구분한다.[47] 온체인은 말 그대로 의사결정이 블록체인 안에서 이루어진다. 개발자들이 코드 업데이트를 제안하면 각 노드(네트워크 참여자)에서 찬반 의견을 표시하고 그 결과는 블록체인에 기록된다. 이때 투표권은 각 노드가 보유하고 있는 암호화폐의 양에 비례한다. 오프체인은 블록체인 밖에 있는 온라인 포럼에서 논의가 이루어진다. 개발자들이 포럼에서 수정을 제안하고 여론을 수렴한 후 이를 블록체인 정책 변경에 반영한다.

온체인 방식이 블록체인 안에서 이루어지기 때문에 가장 독립적일 것 같지만 실제는 다르다. 암호화폐의 51%만 보유하면 어떤 결정이든 할 수 있다. 소규모 투자자는 자신의 의사를 피력할 방법이 없다. 깊이 있는 논의도 어렵다. 그렇다 보니 시가총액 기준으로 비중이 큰 비트코인과 이더리움은 오프체인 거버넌스에 주로 의존하는 것으로 알려져 있다.

논의 과정에서 개발자 간 충돌도 발생한다. 2016년 이더리움의 보안 문제 해결을 위해 모든 노드가 최신 버전으로 업그레이드해야 하는 하드포크를 진행했다.[48] 이 과정에서 이더리움 커뮤니티에 있는 일부 회원은 블록체인은 변화하지 않는다는 불변성의 원리를 주장하면서 이더리움이 업그레이드가 되는 것을 거부했다. 그 결과 기존 방식을 고수한 이더리움에 클래식이라는 이름을 추가한 이더리움 클래식이 탄생했다. 이더리움 클래식은 이더리움과는 별개다.

순위	코인명	약어	시가총액(원)	비중
1	비트코인	BTC	733,180,112,443,451	46.78%
2	이더리움	ETH	260,286,630,056,289	16.61%
3	테더	USDT	70,601,058,870,599	4.50%
4	바이낸스 코인	BNB	53,179,039,550,716	3.39%
5	카르다노	ADA	49,322,241,217,988	3.15%
6	도지코인	DOGE	40,237,182,504,670	2.57%
7	XRP	XRP	35,071,100,312,324	2.24%
8	USD 코인	USDC	28,822,203,458,937	1.84%
9	폴카닷	DOT	17,379,515,183,566	1.11%
10	유니스왑	UNI	11,675,878,608,937	0.75%

출처: coinmarketcap.com(2021.06.25.)

전체 암호화폐 시장의 46.8%를 차지하는 비트코인은 특별한 리더가 없다. 개발자인 사토시 나카모토는 공개적으로 나타난 적이 없다. 이름을 보면 일본인으로 추정되지만 사용하는 영어 스타일을 보면 일본인이 아니라는 설도 있다. 올해 11월 비트코인은 업그레이드를 진행할 예정이다. 이 아이디어는 2018년 그리고리 멕스웰이 제안했으며 채굴자들의 온체인 투표로 90%의 동의를 얻어 확정되었다.[49]

비트코인 이외에 다른 암호화폐는 모두 회사의 형태를 띠고 있고 최고경영자(CEO)가 있다. 시총 2위인 이더리움은 비탈릭 부테린이 개념을 설계했다. 이후 개발을 위해 찰스 호스킨슨

등과 함께 이더리움 재단을 공동 설립했다. 하지만 이더리움 영리화를 두고 갈등이 발생했고 결국 비영리로 남기로 결정하면서 영리화를 주장했던 찰스 호스킨슨 등은 이더리움을 떠났다.

시총 3위인 테더는 미국 달러와 연동되는 스테이블 코인이다.[50] 테더는 브록 피어스를 비롯한 3명의 공동창업자가 개발했고 얀 루도비쿠스 반 데르 벨데가 최고경영자를 맡고 있다. 시총 4위 바이낸스 코인은 암호화폐 거래소인 바이낸스에서 발행하며 캐나다 화교 출신인 창펑 자오가 설립했다. 시총 5위 카르다노는 이더리움에서 나온 찰스 호스킨슨이 설립한 IOHK에서 개발했다. 그 밖에 다른 암호화폐들도 모두 창업자들이 운영한다.

대부분 암호화폐는 이미 상업화의 길을 걷고 있다. 이더리움이 비영리를 지향한다고 탈중앙화를 한 것은 아니다. 개발자인 비탈릭 부테린은 1조 원 규모의 이더(33만 ETH)를 보유하고 있다. 지금 이더리움 재단의 집행위원회는 공동창업자인 부테린과 2명의 위원으로 구성되어 있다.[51] 부테린이 이더리움에 절대적인 영향력을 행사하고 있다.

암호화폐를 채굴하는 방법은 작업증명과 지분증명으로 나뉜다. 작업증명이 주어진 문제를 풀어 암호화폐를 채굴하는 방식이라면 지분증명은 해당 암호화폐를 많이 가지고 있을수록 채굴할 권한을 더 많이 부여받는 방식이다. 지분증명 방식은 채굴에 적은 에너지를 소모한다는 장점이 있는 반면, 소수의 사람들에게 자금이 집중될 수 있다는 단점이 있다. 이런 이유로 지분증명은 탈중앙화와는 거리가 먼 완벽한 자본주의가 반영된 증명 방식이라고 불린다.[52] 카르다노 등 3세대 암호화폐는 지분증명 방식을 채택하고 있으며 이더리움도 작업증명에서 지분증명으로 방식을 전환하기로 했다. 암호화폐는 점점 더 자본주의화 되고 있다.

정부에서
실체를 인정받아

암호화폐가 블록체인의 이론 검증 수단을 넘어 실제 거래에 활용되기 시작하면서 각국 정부는 자국의 상황에 맞춰 단계적 대응조치를 하고 있다.

암호화폐 정책의 출발점은 거래 허용 여부다. 중국은 암호화폐의 채굴과 거래를 금지했다.[53] 인도는 암호화폐의 거래를 제한했다가 대법원의 판결에 따라 허용하는 쪽으로 방향을 바꾸었다.[54] 우리나라도 2018년 발표했던 거래소 폐쇄 정책을 거래소 합법화 정책으로 전환했다.

암호화폐 거래 허용 국가는 크게 세 가지 정책을 추진하고 있다.

우선 자금 세탁 방지다. 암호화폐가 불법 자금이 마약이나 테러에 활용되거나 해킹이나 인질에 대한 보상 수단이 될 수 있다는 우려는 꽤 오래전부터 제기되었다. 2014년 국제자금세탁방지기구(Financial Action Task Force, FATF)는 「가상화폐-핵심정의와 잠재적 자금세탁방지 및 반테러자금 위험(Virtual Currencies - Key Definitions and Potential AML/CFT Risks)」이란 보고서를 발표했다. 우리나라도 이런 맥락에서 자금세탁 행위와 공중협박 자금조달 행위 규제를 목적으로 하는 「특정 금융거래정보의 보고 및 이용 등에 관한 법률」에 암호화폐 거래 관련 실명제 규정을 명문화시켰다.

두 번째 정책은 세금이다. 국회는 작년 말 암호화폐 거래로 얻은 소득에 세금을 부과하는 소득세법 개정안을 통과시켰다. 당시 금융 상품에 대해 부과하는 양도소득세와 복권 당첨금과 같은 소득에 부과하는 기타 소득 중 어떤 것으로 할지 많은 논의가 있었는데 자본시장법상 금융투자 상품이 아니라는 이유로 기타 소득으로 분류되었다.[55]

세금 부과에 대해서는 두 가지 시각이 존재한다. 소득에 20%의 세금이 부과되는 만큼 이에 대해 부정적인 그룹이 있다. 특히 암호화폐 투자를 적극적으로 한 MZ세대가 그렇다. 이런 이유로 내년 1월로 예정된 과세 시점을 1년 더 연기하자는 주장이 대선을 앞두고 제기되고 있다.

세금 부과를 환영하는 시각도 있다.[56] 미국은 경기 부양 목적의 인프라 법안을 논의하면서 재원 조달을 위해 암호화폐 관런 기업의 세금 보고 기준을 강화하는 내용을 법안에 포함시켰다.[57] 이 법안은 채굴자에 대한 과세 여부 등 적지 않은 쟁점이 있고 업계는 여기에 반발하고 있다. 하지만 의회가 암호화폐를 주요 세원으로 취급한다는 것은 향후 중국처럼 암호화폐를 금지할 가능성이 사라진 것이라면서 환호하는 시각도 있다.

세 번째 정책은 거래소 규제다. 미국 증권거래위원회(SEC)는 나스닥에 상장된 코인베이스를 대상으로 암호화폐 대출 프로그램의 출시를 막는 등 규제를 시작했다. 우리나라 금융위원회도 200여 개 넘는 코인거래소 등록 작업을 진행하고 있다. 물론 거래소에 대한 규제 정책이 정리된 것은 아니다. 우리나라는 물론 미국도 진행 과정에서 여러 혼선이 발생하고 있다. 하지만 규제를 시작했다는 것은 그 존재를 인정한다는 것을 의미한다. 과거 아무것도(nothing) 아니었다면 이제는 그 무언가(something)가 된 것이다.

실제 미국의 대형 금융투자사들은 직접 암호화폐 사업에 뛰어들거나 투자를 권유하기 시작했다.[58] 미국 증권거래위원회(SEC) 게리 겐슬러 위원장은 유럽 의회 대상 회의에서 핀테크와 함께 암호화폐는 인터넷과 같이 파괴적인 혁신을 가져올 수 있다고 언급했다.[59] 위원장은 경제학자이면서도 암호화폐에 대해 강의를 할 정도로 이해도가 높은 것으로 알려져 있다. 미국 연방준비제도이사회(Fed)의 제롬 파월 의장도 암호화폐를 금지할 의사가 없음을 밝혔다. 이제 암호화폐는 확실히 실체를

인정받았다.[60)]

암호화폐는
법정통화와 공존

암호화폐를 둘러싼 가장 큰 이슈는 화폐 기능을 할지 여부다. 비트코인이 정부와 기존 금융권에 대한 불신에서 시작된 만큼 비트코인을 지지하는 사람들은 기존 법정통화를 대체하거나 최소한 독립적 가치를 가친 통화로서 운영되어야 한다는 생각이 강하다. 조만간 우리가 물건을 살 때 국가가 정한 돈이 아니라 비트코인이나 이더리움을 널리 사용할 수 있다고 생각한다.

5월 22일은 비트코인 '피자 데이(pizza day)'다.[61)] 2010년 미국에서 비트코인으로 피자 두 판을 사는 데 성공한 것을 기념하기 위해서다. 이때 사용된 비트코인은 1만 개다. 현재 가치로 4천억 원에 달한다. 테슬라의 일론 머스크는 암호화폐 지지자로 유명하다. 그는 도지코인을 공개적으로 지지하고 비트코인으로 테슬라의 차를 구매할 수 있도록 했다. 라이트코인으로 햄버거를 사 먹을 수도 있다. 신용카드보다 거래 수수료가 낮아 손님과 식당 주인 모두 이득이라고 한다.[62)] 이런 수요를 반영해서 미국의 대표적 핀테크 기업인 페이팔과 스퀘어는 자사 앱에 암호화폐 매수는 물론 암호화폐 지불 기능을 추가했다.[63)]

그렇다면 암호화폐가 법정화폐를 대체할 수 있을까?

국가 경영이 안정되고 자국 통화를 안정적으로 운영하는 국가는 법정화폐에 위협이 되는 일련의 활동을 금지한다는 명확한 입장을 가지고 있다. 중국은 암호화폐의 채굴과 유통을 금지했다. 미국과 유럽도 법정화폐를 위협할 소지를 차단한다는 점에서는 다르지 않다. 이를 유추해볼 수 있는 대표적 사례가 페이스북이다.

미국 정부는 법정화폐에 위협이 될 수 있다는 이유에서 페이스북의 디지털 화폐인 리브라(Libra) 프로젝트를 중단시켰다. 그렇다고 페이스북이 비트코인처럼 독자적인 가치를 가지는 암호화폐를 만들겠다고 한 것도 아니다. 미국 달러, 유로화를 바스켓에 담아 리브라의 가치를 산정하겠다고 했지만, 법정화폐를 위협할 수 있다고 우려한 정부의 반대에 부딪혔고 이제는 달러를 비롯한 각국 통화에 연동된 스테이블 코인인 디엠(Diem) 발행을 준비 중이다.[64]

선진국의 경우 다음과 같은 이유로 암호화폐가 법정화폐를 대체할 수 없다.

우선 암호화폐의 가치가 불안정하다. 알트코인은 물론 비트코인도 등락 폭이 크다. 0%대인 날도 있지만 6~7% 경우도 적지 않다. 심지어 하루에 10% 넘게 가격이 오르락내리락한다. 싼 물건은 모르지만 비싼 물건은 오늘과 내일, 언제 사느냐에 따라 수백, 수천만 원 차이가 발생한다. 물가가 안정적인 선진국에서 이렇게 변동이 심한 통화를 사용할 가능성은 그리 크지 않다.

설령 변동 폭이 줄어들어도 정부가 이를 용인하지 않는다. 국가 체제가 위협을 받고 자칫 붕괴할 수 있기 때문이다. 화폐의 교체는 단순히 우리가 거래하는 돈이 바뀌는 것만을 의미하지 않는다. 화폐는 세금을 걷고 정부 재정을 운영하는데 기준이 된다. 기초연금을 비롯한 각종 복지 서비스를 지급하는 기준도 법정화폐다. 법정화폐가 비트코인이 되면 이런 국가 시스템을 다 바꿔야 한다.

더 큰 문제는 국가의 경제 정책에 심각한 위협이 된다. 대표적 경제 정책 중 하나가 통화 정책이다. 한국은행은 경제가 안 좋으면 금리를 내려서 시중에 돈을 풀고 인플레이션이 발생할 우려가 커지면 금리를 올려서 시중의 돈을 줄인다. 만일 우리나라의 법정화폐가 비트코인이 된다면 이런 정책이 사실상 불가능해진다. 한국은행이 금리를 올리면 해외에 있는 비트코인이 모두 우리나라로 몰려올 것이다. 금리 인상으로 시중의 유동성을 줄이기 어렵다.

사람들이 비트코인을 쓰는데 국가가 그걸 어떻게 막을 수 있느냐고 반문할지 모른다. 우리는 모두 현실세계에 살고 있고 종종 가상세계로 간다. 정부는 현실세계를 통제할 수 있는 충분한 수단을 가지고 있다.

우선 세금이 있다. 미국은 비트코인이 탈세나 자금 세탁에 활용될 수 있다는 이유를 들어 1만 달러(1천만 원) 이상의 가상화폐를 거래할 때는 국세청에 신고할 것을 의무화했다. 가상화폐 거래를 통해 수익이 발생하면 세금도 내야 한다. 테슬라를 살 때 비트코인을 사용한다면 달러 기준으로 차익이 얼마인지 계산해야 한다. 아직은 비트코인을 통한 거래 빈도가 낮으니까 1만 달러로 정했지 만일 빈도수가 높아진다면 1천 달러 이하로 낮출 수도 있다. 이런 정책은 명분도 있다. 비트코인을 광범위하게 사용하게 되면 자금 세탁이 쉬워질 수 있기 때문이다.

정부가 비트코인을 추적할 때는 단순히 코인만 추적하지 않는다. 사람을 추적한다. 미 연방수사국(FBI)은 해커에게 넘겨진 비트코인을 85% 회수하는 데 성공했다.[65] 이를 둘러싸고 보안이 높기로 유명한 비트코인을 해킹한 것 아니냐는 말까지 나돌았지만, 결국 가상화폐 지갑에 접근할 수 있는 해커의 개인 키를 확보했기 때문에 가능한 것으로 확인되었다. 범인의 컴퓨터에 접근할 수 있다면 얼마든지 가능하다.

개발도상국은 상황이 다르다. 자국 화폐 발행이 어려울 정도로 국가 경영이 정상적이지 않을수록 더욱 그렇다. 21년 6월 엘살바도르에서 법정화폐로 비트코인을 이용하겠다고 발표했다. 이 나라의 법정화폐는 미국 달러인데 여기에 비트코인을 추가한 것이다. 자국 통화에 대한 불신이 커지면서 심각한 인플레이션이 발생하자 선택한 고육책이다. 엘살바도르 정부의 비트코인 법정화폐화는 선진국과 다른 상황에 기인한다. 이 나라는 금융 서비스를 이용할 수 없는 국민이 전체의 70%를 차지한다. 비트코인은 휴대폰만 있으면 은행에 가지 않고 통장을 만들 수 있다. 많은 국민이 일자리를 찾아 해외로 나갔다. 이들이 국내 송금할 때 내는 수수료 부담이 크다. 비트코인은 이런 수수료 부담을 줄여줄 수 있다.[66]

개도국의 이런 상황을 잘 보여주는 지표가 2021 글로벌 암호화폐 채택지수다.[67] 이 지수는 일반인이 투자가 아닌 일상적인 경제 활동에 얼마나 사용하는지를 측정하는 데 초점을 맞춰 개발되었다. 상위 20개 국가는 대부분 아시아, 아프리카, 중남미 지역의 신흥국가들이다. 베트남, 나이지리아, 베네수엘라, 아르헨티나 등이 10위권에 있고 최근 탈레반이 다시 정권을 잡은 아프가니스탄도 20위에 있다.[68] 이 지수를 개발한 블록체인 데이터 분석업체 체이널리시스(Chainalysis)는 이들 국가 대부분이 정부가 개인의 자본 유출을 강하게 통제하고, 해외로 이민한 국민의 수가 많으며 통화 가치는 하락하는 추세여서 자산 가치를 유지하고 송금을 편하게 하기 위한 목적으로 암호화폐를 활용한다고 평가했다.

달러 패권을 등에 업은 스테이블 코인

비트코인 바람이 거세게 불면서 각국 중앙은행은 법정화폐를 디지털로 발행하는 방안을 검토하기 시작했다. 중앙은행 디지털 화폐, CBDC(Central Bank Digital Currency)에 가장 적극적인 국가는 중국이다.[69] 2014년 디지털 화폐 개발 프로젝트를 시작하였으며 2020년 말부터 선전 등 4개 대도시를 상대로 전자 결제 테스트를 했다.

그 배경에 대해서는 해석이 분분하다. 알리페이와 같은 민간 결제 수단의 비중(82.4%, 18년 기준)[70]이 압도적인 상황에 대응하기 위한 것이란 주장도 있고 미국 달러 패권에 대응하기 위한 것이란 주장도 있다. 어찌 되었건 디지털 전환 시대에 맞춰 위안화의 위상을 강화하겠다는 취지는 분명하다.

미국과 유럽연합도 중국의 디지털 위안화 발행에 자극받아 디지털 화폐 발행을 검토하기 시작했다. 연구를 진행 중인 미국 연방준비제도이사회(Fed)의 제롬 파월 의장은 디지털 달러를 발행하면 암호화폐가 필요 없어질 것이라고 했다.[71] 유럽중앙은행의 크리스틴 라가르드 총재는 디지털 유로화 발행 프로젝트를 시작하면서 디지털 시대에 가장 안전한 형태의 통화인 중앙은행 통화에 시민과 기업이 계속 접근할 수 있는 환경을 조성하겠다고 했다.[72]

CBDC가 실제 어떤 영향을 미칠지에 대해서는 의견이 엇갈리고 있다. 이미 교통카드, 전자상품권을 사용하고 있는 상황에서 그리 큰 영향이 없을 것이라는 시각이 있지만,[73] 블록체인에 연결하면 암호화폐를 대체하면서 큰 변화를 가져올 것이라는 시각도 있다. 무엇보다 CBDC 발행 방식이 중요하다.[74] 중앙은행이 개인별 계좌를 직접 운영하게 되면 개인별 통장을 발급하던 시중은행은 설 자리를 잃게 된다. 물론 이렇게 되면 중앙은행의 부담은 더 커진다는 단점이 있다. 반대로 중앙은행이 시중은행에만 자금을 공급하면 지금과 별반 다른 것은 없을 듯싶다.

CBDC의 새로운 경쟁 상대가 있다. 바로 테더(USDT), USD 코인(USDC)과 같은 스테이블 코인이다. 민간회사가 발행하는 스테이블 코인은 법정화폐에 연동되어 있고 고객이 요구하면 법정화폐로 지급하기 때문에 다른 암호화폐보다 가치가 안정적이다.

무엇보다 국경을 자유롭게 넘나들 수 있다. 모든 국가는 외환 관리를 한다. 우리나라는 물론 미국도 일정 액수 이상을 해외로 보내려면 신고를 해야 한다. 환전도 필요하다. 중앙은행이 디지털 화폐를 발행한다고 해서 이러한 규제가 바뀔 것 같지는 않다. 스테이블 코인은 다르다. 일단 디지털 지갑에 들어가면 국가가 확인할 수 없다. 다른 암호화폐로 교환할 수도 있고 해당 국가의 상점에서 받아주면 물건도 바로 살 수 있다.

스테이블 코인이 장점만 있는 것은 아니다. 일시에 출금하는 사람들이 몰려서 은행이 마비되는 뱅크런처럼 스테이블 코인도 코인런이 발생할 수 있다. 테더의 경우 유통 중인 코인을 담보할 만큼 충분한 달러를 보유하지 않아 뉴욕주 검찰로부터 벌금을 부과받았다. 당시 테더가 공개한 자산 중 현금은 2.9%에 불과했다.[75] 테더 자산의 49.6%가 손실 위험이 있는 기업어음(CP)이라는 것도 신뢰를 떨어뜨리는 요인이 되었다. USD 코인은 이러한 논란에서 상대적으로 자유롭다. 이 코인은 나스닥 상장 코인거래소인 코인베이스와 거대 금융사인 골드만삭스의 자회사 써클(Circle)이 함께 출시했다. 거대 금융사가 참여해서인지 시장에서의 신뢰도는 더 높은 듯싶다.

스테이블 코인에 대한 규제를 강화한다고 미국 재무부가 코인 자체에 부정적인 것은 아니다. 재무부 산하 독립 은행감독기구인 미국 통화감독청(Office of the Comptroller of the Currency, OCC)은 스테이블 코인을 정식 결제 수단으로 인정하고 이더리움과 같은 블록체인 망을 통해서 은행의 결제 업무를 처리할 수 있다고 했다.[76] 암호화폐 송금의 확산과 러시아, 중국의 자체 시스템 구축으로 미국 주도의 국제은행 간 결제 시스템(SWIFT)이 흔들리는 상황[77]에서 어찌 보면 당연한 결정이다.

사실 미국에게 있어 스테이블 코인은 디지털 전환의 흐름을 타고 달러의 패권을 강화할 좋은 수단이다.[78] 지금 많은 저개발 국가는 통화 가치가 불안정하고 금융 서비스에 접근하지 못하는 사람들이 많다. 이들은 미국의 빅테크와 거대 금융기업에 잠재적 시장이다. 구글은 애드벌룬을 띄워 아프리카에 인터넷을 보급하는 사업을 시도해왔다. 테슬라는 직접 인공위성을 띄워서 인터넷망을 구축하고 있다. 아마존도 이 시장에 눈독을

들이고 있다. 이들 기업이 네트워크를 구축하고 아프리카나 엘살바도르에 있는 사람들이 인터넷에 쉽게 접근할 수 있게 되면 또 다른 거대한 금융 서비스 시장이 열리는 것이다. 달러에 연동된 스테이블 코인은 이 지역 사람들에게 피하기 어려운 선택이 될 것 같다.

상품과 증권 구분, 코인의 성패 결정

상품과 증권의
차이

블록체인을 이용한 토큰은 물건이나 서비스의 대가를 지급하는 결제 기능, 블록체인 기반 인프라에 접근할 수 있는 사용권과 같은 유틸리티 기능, 그리고 유무형의 가치를 의미하는 자산 기능이 있다. 이중 결제와 유틸리티 기능은 개념이 명확하고 크게 문제가 되지 않는다.

지금 가장 큰 쟁점이 되는 것은 자산 기능이다. 자산은 크게 상품(commodity)과 증권(security)으로 분류할 수 있다. 상품은 예술품이나 석유, 금과 같이 가격은 변하지만 그 본질은 바뀌지 않는다. 증권은 어떤 사실을 증명하는 문서로 채무증권(채권), 지분증권(주식), 수익증권, 파생결합증권(ELS/DLS) 등이 있다. 농산물이나 통화 등 기초자산을 활용해서 개발한 파생 상품은 권리관계가 있어 증권과 성격이 비슷하다.

가상자산이 상품과 증권 중 어떤 성격을 갖는지는 매우 중요하다. 상품은 거래가 자유롭다. 반면 증권은 권리관계가 있기에 정부의 규제를 받는다. 같은 원칙을 적용하면 상품으로 인정되는 가상자산은 거래에 대한 규제를 덜 받게 되지만 증권인 가상자산은 투자자 보호 차원에서 엄격한 규제를 받게 된다.

가상자산 중 진품임을 표시한 디지털 예술품인 NFT(대체 불가능 토큰)는 상품이다. 부동산이나 미술품을 연계한 수익증권도 블록체인 기술을 활용해서 거래하지만, 증권이라는 성격이 명확하다. 이들은 각각 현행 상품과 증권 규제를 통해 관리하면 된다. 문제는 코인이다. 상품과 증권 중 어디에 해당하는지에 대해 한창 논쟁이 진행되고 있다.

미국은 상품 선물과 증권을 관리하는 정부기관을 별도로 두고 있다. 상품 선물은 상품선물거래위원회(Commodity Futures Tradings Commission, CFTC)에서 관리하고 증권은 증권거래위원회(Securities and Exchange Commission, SEC)에서 관리한다. 코인이 상품과 증권 중 어디에 해당하는지에 따라 담당 규제기관이 달라진다.

CFTC는 코인을 기관이 관리해야 할 디지털 자산 중 하나로 인식하고 있다.[79] CFTC는 코인(보고서에서는 가상화폐라는 용어를 사용)이 상품거래법(Commodity Exchange Act, CEA)의 적용을 받는 상품이라고 보고 있다.[80] 이를 근거로 사기나 조작에 대한 법적 조치를 해왔다.

SEC는 대부분 코인이 증권이라고 보고 있다. 이런 이유로 은행 간 실시간 자금 송금을 위해 개발한 리플(XRP)에 대해 법적 소송을 진행 중이다. 증권이라면 SEC에 신고해야 했는데 하지 않았으니 위법이라는 입장이다.[81] 이에 리플은 투자를 목적으로 하는 증권이 아니며 그간 SEC는 리플이 증권이라고 해석하지 않았다고 주장한다. 그 근거로 SEC 직원이 보유하면 안 되는 보유 금지 리스트에 리플은 포함되지 않다는 점을 언급했다.[82]

SEC의 증권의 범위에 대한 폭넓은 해석은 코인베이스로 번졌다. 코인베이스는 자사가 발행하는 스테이블 코인(USDC)을 예치하면 연 4%의 수익률을 제공하는 랜드(Lend) 서비스를 출시할 예정이었다. 이에 대해 SEC는 이것은 증권의 특성이 있기에 출시하면 소송을 제기할 것이라고 했다. 코인베이스는 그간 잘 논의해왔는데 갑자기 바뀌어 당황스럽다며 직접 법률안을 제안할 계획이라고 한다.[83]

초기 코인 공개(ICO)
vs 증권 토큰 공개(STO)

초기 코인 공개(Initial Coin Offering, 이하 ICO)는 알트코인과 블

록체인 기반의 프로젝트를 위해 투자금을 모집하는 행위를 말한다. 코스닥과 같은 거래소에 주식을 상장하는 기업 공개(Initial Public Offering, 이하 IPO)의 알트코인 버전이라고 보면 된다.

　기업이 IPO를 통해 확보한 자금으로 사업을 확장하는 것처럼 개발자는 ICO를 통해 확보한 자금으로 프로젝트를 진행한다. 주식을 구매한 투자자가 증권거래소를 통해 다른 투자자에게 팔 수 있는 것처럼 코인 투자자도 거래소를 통해 다른 투자자에게 팔 수 있다.

ICO 기본 구조

이형욱, 「가상통화 생성방식에 따른 유형별 법적 규제방안 연구」, 『법학연구』 제28권 제2호, 충국대학교 법학연구소, 2017.12.

　가장 큰 차이는 공개 시점이다. 기업이 IPO를 하면 사실상 성공한 것으로 인정받는다. IPO까지 가지 못하고 중간에 인수합병되는 경우도 많다. 거래소도 보통 하나다. 주식 예탁을 통해 두 개의 증권거래소에서 거래할 수 있기도 하지만 대부분 코스닥, 나스닥과 같은 하나의 거래소에서 거래된다.

ICO는 다르다. ICO가 곧 사업의 시작이다. ICO를 할 때 발행하는 백서는 말 그대로 사업계획서다. ICO에 성공해서 자금을 확보하면 계속할 수 있고 ICO에 실패하면 사실상 사업을 접어야 한다.

ICO와 IPO의 차이를 가장 잘 보여주는 사례가 알트코인 유니스왑이다. 코인거래소인 유니스왑은 거래량 10위에 해당할 정도로 알트코인 시장에서 확고한 위치를 점유하고 있다. 그런데 개발사가 작년 8월 벤처 캐피털에서 1천1백만 불의 시리즈 A 투자를 받았다고 발표했다.[84] 스타트업에서 시리즈 A 투자면 시제품을 만들고 이제 막 매출이 발생하는 단계다. 물론 이 스타트업이 계속 사업을 할 수 있을지는 알 수 없다. 미국의 경우 시리즈 A를 받은 스타트업이 상장이나 인수 합병되지 못하고 실패할 확률은 88.7%다.[85]

그런 면에서 ICO는 IPO보다는 상장 이전에 소액 투자를 받을 수 있는 크라우드 펀딩과 유사하다. 발표한 백서만 보고 투자자가 코인의 가치를 판단해야 한다는 점에서 이미 회사의 가치가 검증된 IPO보다는 비상장주식 거래와 비슷하다.

ICO	조달 자금	IPO
비트코인·이더리움 등 주요 가상 화폐	조달 자금	진행 국가의 법정화폐(달러, 원화 등)
발행 기업의 자체 가상 화폐	보상	해당 기업의 주식
-코인 발행 기업에 대한 요건 없음 -백서를 보고 장래 수익성 판단	요건	-업력 3년 이상 -자기자본 30억원 이상 -당기순이익 20억원 이상 (코스닥 일반 기업 기준)

빠르게 커지는 ICO 규모

자료=코인데스크, 뉴욕증권거래소, 어니스트앤영

출처: 조선일보(2018.03.08.)

증권 토큰 공개(Security Token Offering, STO)는 법에서 정한 증권의 성격을 띤 디지털 토큰을 발행하는 것을 말한다.[86] ICO는 발행한 알트코인이 정확히 어떤 가치가 있는지 논란이 있지만 STO는 의결권, 배당권과 같은 권리가 명확하다는 차이가 있다.

가장 이해하기 쉬운 사례는 예술품이나 부동산과 같은 실물을 코인화한 경우다.[87] 스위스에서는 파블로 피카소의 1868년 작품(Musketeer Bust)을 4만 개의 코인으로 나눠 판매했다. 2백만 달러의 예술품을 2만5천 명이 소유하게 된 것이다. 미국 콜로라도의 아스펜 리조트는 리츠(REIT) IPO 대신 자본 조달이 쉬운 STO를 통해 리조트를 구매했다.

실물자산의 토큰화는 우리나라에서도 진행되고 있다. 루센트 블록은 부동산 수익증권을 블록체인으로 거래하는 사업을 금융위원회로부터 혁신금융 서비스로 지정받았다. 테사는 데이비트 호크니, 장 미쉘 바스키아 같은 유명 화가의 작품을 토큰화해서 거래하고 있다. 바스키아 그림은 650여 명이 소유하고 있는데 이들은 그림의 가치 상승에 따른 수익을 기대하고 투자했다.[88]

대부분 코인은
증권으로 분류될 듯

우리 정부는 코인이 자본시장법에서 규정한 증권에 포함되지 않는다는 이유로 발생하는 수익에 대한 세금 항목을 양도소득세가 아닌 기타 소득으로 설정했다. 다만 이러한 결정이 코인 성격에 대한 깊이 있는 고민에서 나온 것은 아니다. 최근에는 증권의 성격을 갖는다면 자본시장법에 따라 적용하는 방안을 검토하겠다고 입장을 선회했다.[89]

미국도 혼란스럽기는 마찬가지다. 증권과 상품 선물을 규제하는 기관들은 각각 자기 소관이라 하고, 판단 기준을 묻는 말에 명확한 답변을 내놓지 못하고 있다. 미국 법원의 판단이 중요하다. 미국은 판례를 중시하는 불문법에 기초한 국가다. 법관이 법의 문구만 아니라 과거 판례에 따라 판단을 한다.

1946년 미국 증권거래위원회(SEC)와 호위(Howey)라는 회사 간에 증권 여부를 두고 소송이 발생했다. 이때 미 연방대법원은 증권 거래 여부를 판별하는 기준으로 3가지를 제시했다.[90] ① 미래 수익을 예상하면서 투자했는지 ② 일반 회사에 투자했는지 ③ 프로모터나 제3자의 노력으로 수익이 발생하는지로 판단한다. 이걸 호위 테스트(howey test)라고 한다.

이 기준을 코인에 적용할 때는 ICO와 탈중앙화 여부가 중요하다. ICO를 했다면 미래 수익을 예상하고 투자를 했다는 첫 번째 조건을 충족한다. 코인을 관리하는 확실한 주체가 있다면, 탈중앙화되지 않았다면 일반 회사에 투자했다는 두 번째 요건을 충족한다. 노력으로 수익이 발생한다는 세 번째 조건은 대부분 코인이 지속해서 업그레이드를 하고 있고 잘될수록 코인의 가격이 상승하기 때문에 충족한다고 볼 수 있다.

비트코인은 상품이다. 우선 비트코인은 ICO를 하지 않았다. 비트코인을 대표하는 회사도 없다. 업그레이드 같은 중요 의사결정은 채굴자가 투표로 결정한다. 마치 산유국이 모여서 증산 여부를 결정하는 석유와 같다. 실제 세상의 금과 같은 존재라고 해서 비트코인을 디지털 골드라고 부른다. 비트코인이 상품이라는 점에는 SEC도 동의하고 있다.

이더리움은 증권에 해당하는 것으로 보인다. 이더리움은 ICO를 했다.[91] 운영 주체는 부테린이 운영하는 이더리움 재단이다. 재단이 스위스 비영리 법인이지만 그렇다고 일반 회사와 다르다고 보기는 어렵다. 정부기관이나 기부로 운영되는 단체가 아니고 비영리를 표방함에도 이더리움 재단은 스마트 계약 서비스를 할 때 드는 비용을 줄이기 위해 증명 방식을 변경하는 등 다양한 노력을 하고 있다. 이더리움의 스마트 계약 기능을 활용하는 애플리케이션, 디앱(DApp) 생태계가 활성화될수록 코인 거래 시장에서 이더리움 가치는 올라간다.

SEC는 당초 이더리움은 증권이 아니라던 의견을 바꿨다. 2018년 6월 SEC 기업금융부서 책임자인 윌리엄 힌만은 이더리움은 충분히 탈중앙화되어 있고 추가적인 가치를 추구하지 않는다면서 비트코인과 함께 이더리움을 증권에서 제외한 바 있다.[92] 그런데 힌만이 퇴임하고 게리 겐슬러가 SEC 위원장이 되면서 이러한 해석이 바뀌었다. 게리 겐슬러는 ICO를 한 모든 코인은 증권에 해당한다고 언급했다.[93]

스테이블 코인은 성격이 다르다. 기본적으로 법정화폐에 가치가 연동되어 있고 코인거래소에서 가격 변동이 있기는 하지만 그리 크지 않다. 이더리움처럼 어떤 서비스를 목적으로 하는 게 아니고 송금 수단으로 활용된다는 점에서 기능도 결제 기능으로 한정된다. SEC는 코인베이스가 스테이블 코인인 USDC를 예치하면서 4%의 수익률을 제공하는 랜드(Lend) 서비스를 출시하는 것에 반대했지만 그렇다고 USDC의 성격이 바뀌었다고 보기는 어렵다. 랜드 서비스를 스테이블 코인에 기초한 파생 상품이라고 본 것으로 추정된다.

다른 알트코인은 증권이란 점에서 논란의 여지가 없다. 예를 들어 대표적 3세대 코인인 카르다노는 ICO를 했다. 운영 주체는 이더리움에서 나온 찰스 호스킨슨이 설립한 IOHK(Input Output Hong Kong)다. 작업증명 방식을 쓰던 기존 코인과 달리 지분증명 방식을 사용하면서 이더리움과 경쟁하고 있다. 경쟁에서 이기면 당연히 가치가 올라간다.

코인이 상품과 증권 중 어디에 해당하는지는 결국 미국 법원의 판단을 보면서 의회가 법률화할 때 명확해질 것으로 보인다. 지금은 정부 내에서도 상품 선물 규제기관과 증권 규제기관의 생각이 다르다. 기관장 교체 변수도 있다. 얼마 전 코인을 상품으로 인정하던 CFTC 위원장이 자리에서 물러나면서 태도 변화의 가능성이 제기되고 있다.[94]

코인 규제에 대한 정당의 시각도 엇갈린다. 공화당은 정부 규제 최소화 정책을 지향해서인지 코인에 대해 우호적이다. 반면 민주당은 코인 규제에 강경한 태도다. 대표적 인사가 대선 후보였던 엘리자베스 워런 상원의원이다. 코인이 투자자를 속이고 범죄자들을 돕고 기후 위기를 악화시킨다면서 신속한 규제를 주장하고 있다.[95] 이임을 앞둔 CFTC 위원장은 공화당 인사다.

사실 암호화폐 기업을 기존 기업들과 비교해보면 자본 조달 방식만 다를 뿐 사업의 목적이나 운영에서 큰 차이를 찾아보기 어렵다. 우선 위에 설명한 대로 운영 방식은 기존 기업들과 같다. 비트코인이 디지털 서명을 강화하면서 개인정보 보호, 익명성을 중시한다고 하는데 영리 회사 중에도 그런 회사가 있다. 애플은 개인정보 보호를 강조하기로 유명하다. 테러와 연관되었다고 해서 아이폰 비밀번호를 풀어주지 않는다. 블록체인 기술도 특별한 게 아니다. 이미 많은 스타트업이 암호화폐를 발행하지 않고 블록체인을 활용해서 사업을 하고 있다.

유일한 차이는 자본 조달 방식이다. 기존 기업들이 나스닥과 같은 전통적인 주식거래소에 상장하는 방식이었다면 이들 기업은 암호화폐를 거래소에 상장해서 자금을 조달한다. 기존 회사라면 암호화폐 채굴을 위해 비용을 들여서 자체 서버를 운영해야 하는데, 이들 기업은 외부 참여자가 채굴 작업을 대신 한다. 이 또한 변형된 자본 조달이다.

정부, 위기 관리 관점에서 접근해야

미래를 수용하는 자세로
전환 필요

코인 열풍이 거세게 불었던 2018년 박성기 전 법무부 장관은 코인거래소를 폐쇄하겠다는 강경 방침을 내놓았다. 이로 인해 가격이 급락하자 투자자들은 패닉에 빠졌다. 올해 4월에는 은성수 전 금융위원장이 투자자 보호 대책을 묻는 국회의원의 질문에 제도권 안에 들어오지 않았으면 좋겠다면서 청년들이 잘못된 길을 간다면 어른들이 가르쳐줘야 한다고 답변했다. 이로 인해 코인 시장은 다시 큰 충격을 받았다.

코인 거래의 위험성을 지적하며 투자자에게 경고한 것은 시의적절했다. 문제는 메시지의 내용이다. 코인에 대한 이해가 부족하다 보니 단순히 코인 투자가 위험하다는 것을 넘어 코인은 미래가 없다고 단정했다. 결국 이들의 발언은 좋은 취지에도 MZ세대를 비롯한 투자자의 반발만 불러일으켰다.

정부가 가상자산 거래 관리 방안을 발표한 시점은 올해 4월이다. 정부가 우물쭈물하는 사이 투자자의 코인 거래 피해는 기하급수적으로 늘어났다. 경찰청이 밝힌 올 상반기 코인 범죄 피해 규모만 2.8조 원에 이른다.[96] 만일 3년 전 이 발표를 했다면 큰 피해를 줄일 수 있었을 것이다. 일본 정부는 2017년부터 자산 가치를 인정하고 디지털로 전송하거나 지급에 사용할 수 있도록 했다.[97] 대신 코인거래소 허가제를 도입하고 코인 거래로 얻은 이익에 세금을 부과하기 시작했다. 거래 코인 종류까지 제한하면서 일본의 코인 거래 규모는 감소했다.[98]

지금 무엇보다 중요한 것은 코인에 대한 정부의 인식 변화다. 특히 주무 부처인 금융위원회의 인식 변화가 절실하다. 금융위는 여전히 코인 제도화에 소극적이다. 한국은행과 비교해보면 금융위가 코인에 얼마나 소극적인지 알 수 있다. 한국은행은 코인 관련 연구보고서를 수시로 발간할 뿐만 아니라 CBDC 시범사업을 할 정도로 미래 변화에 민감하다.

이런 두 기관의 차이는 정책 환경에서 비롯된 것으로 보인다. 국내 금융 시장에서 금융위는 슈퍼 갑이다. 국내 금융기관을 상대로 가두리 방식의 규제를 한다. 해외 동향은 크게 신경 쓰지 않는다. 국내 정책 수요에 맞춰 수시로 금융기관을 규제하다 보니 금융 주식은 투자자들이 가장 투자를 기피하는 투자

대상이 되었다.

한국은행의 정책 환경은 척박하다. 법정화폐를 발행하고 금리를 조절하는 등 권한이 막강해 보이지만 금리를 결정할 때면 경제성장률이나 물가는 물론 미국 금리까지 스스로 통제할 수 없는 많은 변수를 고려해야 한다. 한국은행은 갑 같은 을이다.

금융위도 이제는 세상의 변화를 수용하면서 정책을 펼쳐야 한다.

미래는 예측할 수 없다. 이런 상황에서 중요한 것은 위기 관리다. 특히 투자자 보호가 중요하다. 우리나라는 지금 코인 투자자 보호 정책이 없다. 특정금융정보법(특금법)에 근거해서 코인거래소를 규제하고 있는데 이 법의 목적은 자금 세탁 행위와 공중협박자금 조달 행위를 규제하는 것이다. 투자자 보호를 목적으로 하는 자본시장법과 다르다.

위기 관리의 기본은 최악의 상황을 염두에 두고 상황을 관리하는 것이다. 그렇다고 최악의 상황을 전제로 규제한다는 말은 아니다. 방향이 확실해질 때까지 피해 발생 규모를 제한하면서 상황을 관리해야 한다.

개인이 투자해서 발생하는 손실을 일일이 정부가 관리할 필요는 없다. 투자 실패는 투자자가 책임져야 한다. 그렇다고 국가적으로 수조 원의 피해가 발생하는 것을 그대로 방치하면 안 된다. 정부 부처는 단순히 정해진 법을 집행하는 기관이 아니다. 필요하면 조사 사업을 하면서 상황을 파악해야 한다. 법적 권한이 없으면 연구 조사를 통해 근거 자료를 만들고 국회에 권한을 요구해야 한다. 그게 책임 있는 정부 부처의 자세다.

코인은 상당히 모험적인 투자 대상이다. 단순히 가격이 급등락을 거듭해서가 아니라 인터넷 초기처럼 산업 발전 초기에 있기 때문이다. 인터넷 버블 시절 호황을 누리던 넷스케이프, 알타비스타 등 많은 서비스를 지금은 찾아볼 수 없다. 야후가 명맥을 유지하고 있지만, 그 위상은 20년 전과 비교할 수 없다.

지금 코인도 비슷한 상황이다. 비트코인은 코인 시장에서 기축통화 역할을 하면서 자리를 잡아가고 있다. 증권 논란에서도 자유롭다. 그렇다고 생존이 보장된 것은 아니다. 야후처럼 언제 경쟁에서 밀려날지 모른다. 그래서 스마트 계약 기능을 추가하는 업그레이드를 하면서 다른 코인들과 경쟁하고 있다.[99]

알트코인의 강자인 이더리움도 자리가 보장된 것은 아니다. 이더리움을 메인넷으로 하는 다양한 디앱(DApp)이 나오면서 생태계를 키워가고 있지만, 여전히 비싼 수수료가 문제다. 더 싼 수수료를 위해 다른 코인으로 갈아타기도 하고 아예 여러 코인을 메인넷으로 쓰는 경우까지 나오고 있다.[100] 우리나라의 그라운드 X도 자체 생태계를 키우면서 이더리움과 경쟁하고 있다.

무엇보다 금융위는 코인 투자의 위험성을 논리적으로 알려줄 필요가 있다. 코인 투자는 스타트업 초기, 비상장 주식 투자와 비슷하다는 점을 정부가 명확히 알릴 필요가 있다. 한국금융투자협회는 정부의 승인을 받아 2000년부터 비상장 주식 거래소(K-OTC)를 운영하고 있다.[101] 그렇다고 일반 투자자들이 비상장 주식을 거래하지는 않는다. 비상장이란 문구만으로 위험하다는 것을 인지하기 때문이다.

증권이란
최악의 상황 대비

향후 코인 정책에 가장 큰 영향을 미치는 국가는 미국이다. 단순히 자본 시장이 커서만 아니라 코인베이스, 크라켄 같은 제도권에 진입하거나 진입할 코인거래소가 미국에 있기 때문이다. 이들이 월가의 거대 금융자본과 결합하면 막강한 힘을 발휘할 것으로 보인다.

본래 코인거래소는 중국계가 주도해왔다. 그런데 중국이 코인을 강하게 규제하면서 이들의 입지도 크게 흔들리고 있다. 바이낸스, 쿠코인 등이 본사를 몰타나 싱가포르로 옮기고 있고 영국, 일본은 바이낸스 금지 방침을 발표했다. 바이낸스는 3년 내 상장 계획을 발표했는데[102] 각국 정부의 견제 속에서 상장할 수 있을지조차 불확실한 상황이다.

코인을 금지할 가능성이 제일 낮은 국가는 미국이다. 국가의 힘이 강한 중국과 달리 미국은 기본권이 중요하다. 코로나19 방역을 위해 실시한 셧다운 조치에 연방지방법원 판사가 위헌

결정을 할 정도로 사법부 판단의 재량 범위가 넓다.[103] 명확한 근거가 없으면 기본권을 금지할 수 없다는 생각이 강하다. 이런 배경에서 미국은 실리콘밸리를 중심으로 글로벌 혁신을 선도해올 수 있었다. 이런 흐름 속에서 강력한 로비 그룹인 월가의 금융자본도 코인 투자를 시작했다.

미국에서 코인은 증권으로 해석될 가능성이 크다. 신임 SEC 위원장은 이러한 견해를 밝혔다. 무엇보다 앞서 살펴본 것처럼 증권의 성격을 충족한다. 향후 논의 상황을 더 봐야겠지만 만일 이렇게 된다면 코인 시장에 상당히 큰 파장을 일으킬 것으로 보인다.

비단 가격 변동이 크기 때문만은 아니다. 현재 코인을 개발하는 많은 스타트업과 상장 기업의 가치 평가에 큰 영향을 줄 수 있기 때문이다. 가치가 일정하고 동등한 수준의 자금을 준비하도록 한 스테이블 코인을 발행한 코인베이스는 문제가 크지 않을 것 같다. 하지만 다른 코인 개발사는 상황이 다르다.

코인을 증권이라고 하면 그 가치를 재무제표에 어떻게 반영할지 많은 논란이 있을 것이다. 비상장 스타트업보다 상장사가 발행한 코인이 더 큰 쟁점이 될 수 있다. 비상장은 ICO를 하면서 코스닥 상장을 포기할 수 있지만 이미 상장된 회사에 발행한 코인은 해석에 따라 주가에 큰 변화를 가져올 수 있다.

회사의 가치 평가는 중요하다. 미국, 일본에서는 주주 가치를 중시하면서 자회사 상장을 최소화하고 있다. 구글, 애플 모두 거대한 회사이고 수시로 M&A를 하지만 상장 법인은 하나다. 일본 NTT는 자기 자본을 투입 상장되었던 자회사를 비상장으로 전환하고 있다.[104] 우리나라에서도 자회사 상장에 따른 지주사 할인 논란이 끊이지 않고 있다.[105]

우리나라만의
특성 고려

코인 규제에서 가장 큰 부담은 코인 거래를 통해 국내 자본이 해외로 쉽게 나갈 수 있다는 점이다. 어찌 보면 국내 자본이 해외로 나가는 것이 아니라 현실세계의 자본이 가상세계로 옮겨간다고 볼 수 있다. 이미 로블록스에서는 각국 통화를 로벅스로 환전한 후 사용자가 어느 나라에 있든 자유롭게 로벅스를 사용할 수 있다.

이런 상황에서 국내 투자자가 국내 거래소를 외면하게 되면 정부의 코인 투자 관리는 더욱 어려워진다. 특히 수익에 대한 세금을 부과해야 하는데 해외 거래소에서 거래해서 기록을 확인할 수 없게 된다. 물론 세무 조사나 수사를 통해 자료를 확보할 수 있지만 이 또한 대규모 투자자에 대해서만 가능하니 소액 투자자까지 하기는 어렵다.

이미 국내 코인거래소는 해외 거래소와 경쟁 중이다. 여기에 페이팔, 스퀘어, 로빈후드 같은 거대 핀테크 기업까지 달려들면 앞으로 경쟁은 더욱 심해질 것으로 보인다. 미국 핀테크 기업이 하는데 국내 핀테크 기업이라고 못할 건 없다.

그렇다고 지금처럼 거래 수수료 수익이 많을 것 같지도 않다. 미국에서 주식 수수료 무료를 내세웠던 로빈후드는 코인 거래 수수료 제로를 선언했다.[106] 앞으로 거래소는 더 이상 거래 수수료에만 의존하기 어려워진다. 이런 상황에서 정부가 강하게 규제하면 국내 거래소는 경쟁력을 유지하기 어렵다.

거래소 상장 대상 코인에 대한 심사도 최대한 거래소에 맡길 필요가 있다. 대신 정부는 거래소별 불량 코인 발생 빈도를 비교하고 이에 따라 조치하면 된다. 이렇게 해야 하는 가장 큰 이유는 코인에 대해 객관적 심사가 어렵기 때문이다.

상장이란 단어를 사용하면서 코인거래소 상장과 주식거래소 상장이 비슷한 것처럼 보이게 하는 착시를 불러일으키고 있다. 두 상장은 하늘과 땅 차이다. 코인을 일반인에게 공개(ICO)할 때는 백서(white paper)라는 사업계획서를 발표한다. 이건 스타트업이 초기에 하는 투자설명회(IR)와 별반 다르지 않다. 어떤 면에서는 정부 연구 사업 발표와도 비슷하다. 코인의 가능성이나 신뢰성을 객관적으로 판단하기 어렵다.

상장 심사 대상이 국내 코인으로 한정될 소지도 있다. 이더리움 등 해외에서 ICO를 한 경우는 국내 거래소가 요청한다고 관련 정보를 제출할 것 같지 않다. 그렇다고 국내 거래소에 상장하지 않을 수도 없다. 결국 해외 상장 코인은 심사를 안 하고 국내 코인만 심사하는 결과를 가져올 것이다.

코인 열풍이 불면서 왜곡된 개념도 시급히 바로 잡아야 피해를 예방할 수 있다. 대표적 왜곡 사례는 NFT(대체 불가능 토큰)다. 간송미술관이 훈민정음 해례본을 100개 한정판으로 NFT화 해서 판매에 나섰다는 언론 보도가 있었다.[107] 근대 미술 작가 이중섭, 김환기, 박수근의 NFT 작품 경매가 저작권 논란에 휩싸였다는 보도도 있었다.[108] 심지어 부동산 NFT를 판매한다고 홍보하기도 한다.

국내에서는 NFT의 개념이 과대 포장되어 있다. NFT는 원작이 디지털 자산이어야 한다. 수채화나 유화는 NFT가 될 수 없다. 만일 수채화를 나누어서 거래하고자 한다면 소유자임을 입증하는 문서, 즉 권리문서를 코인화해서 거래해야 한다. 이건 실물을 기초로 했다는 점에서 부동산 권리를 코인화한 것과 같다. 이걸 대중에게 공개, 판매하는 것이 STO(증권 토큰 공개)다. 당연히 증권은 금융위원회에서 사전 신고해야 한다.

게임 아이템의 NFT 허용도 시급한 과제다. 게임물관리위원회는 NFT를 사행 행위로 보고 등급 분류를 받을 수 없는 게임물로 판정했다.[109] 이건 블록체인 기술을 게임에 쓰지 말라는 이야기다. 이미 온라인에서는 고양이 그림부터 가치를 알 수 없는 다양한 아이템이 NFT로 판매되고 있다. 게임 아이템이라고 해서 막을 이유가 없다.

게임은 메타버스의 출발점이다. 가상세계를 구현하는 여러 방식이 있지만, 게임이 가장 대표적이다. 로블록스도 게임을 개발하고 판매하는 방식으로 메타버스의 강자로 부상하고 있다. 다행히 우리 게임 산업은 소프트웨어 중 가장 경쟁력이 있는 분야다. 블록체인을 활용할 수 있도록 조속히 규제를 풀어야 한다.

이해관계 넘어
합리적 논의를

금융위원회는 국제자금세탁방지기구(FATF)가 발표한 가상자산의 개념을 두고 혼란스러워하고 있다.[110] NFT가 투자나 결제 수단이라고 볼 수 없어 가상자산에 포함하지 않겠다면서도 만일 투자 수단이 된다면 포함할 수 있다는 견해를 밝혔다. 한마디로 어떻게 해야 할지 잘 모르겠다는 것이다.

이렇게 된 가장 큰 이유는 가상자산의 본질보다 금융위가 어디까지 책임져야 하는지에 초점을 두고 용어를 정의하려 하기 때문이다. 가상자산은 이제 일반 명사가 되었다. 금융위 소관 법률에서 어떻게 규정하든지 일반 명사로서 가상자산의 의미가 바뀌지는 않는다. 사실 FATF 가이드라인은 금융위에게 참고자료일 뿐이다. 불법 자금 차단에 초점을 둔 FATF와 달리 금융위는 투자자 보호 등 더 많은 규제 이슈에 대응해야 한다. 입장이 다르다.

가상자산의 본래 의미를 찾기보다 이해관계를 먼저 생각하는 건 정치권이나 블록체인 업계도 마찬가지다. 정치권은 MZ세대의 표를 얻기 위해 여러 이유를 들면서 세금 부과를 미루려고 한다. 가상자산 업계도 정부가 보호해주지는 않으면서 세금만 부과한다고 반발하고 있다. 소득이 있는 곳에 세금이 있다는 조세 기본원칙이 크게 훼손되고 있다.

미국도 가상자산에 대한 세금부과를 두고 논란이 있지만, 그 파장은 그리 크지 않을 것 같다. 얼마 전 미국에서 인프라 법안이 통과되면서 부수 법안으로 가상자산에 대한 세금 부과 법안이 함께 통과되었다. 이 법안에 대해 미국의 블록체인 업계가 강하게 반발하고 있다.[111] 특히 거래기록 보고 의무를 어느 중개인까지 할지, 개인에게 보고 의무를 부과하는 것이 적절한지를 두고 논란이 많다. 정작 미국 현지 세무사들은 별로 혼란스러워하지 않는 것 같다.[112] 가상자산 투자에 적극적인 세무사도 기존 세무신고처럼 개인이 관련 자료를 잘 챙겨야 한다고 자문하고 있다.

국내 블록체인 업계도 이제는 다가오는 현실을 준비할 필요가 있다. 블록체인으로 중앙시스템에 의존하지 않는 기술적 탈중앙화는 성공했지만, 비트코인을 제외한 나머지 암호화폐는 탈중앙화하지 못한체 여전히 전통적인 방식의 기업에 의해 운영되고 있다. 탈중앙화 금융(Defi)도 기술적으로는 탈중앙화에 성공하고 기존 금융기관을 대체할 수는 있을지 몰라도 국가의 관리를 벗어나기는 어렵다.

만일 국가와 계속 충돌하려 한다면 결국 다크웹의 전철을 밟게 될 것이다. 인터넷에는 일반인은 사용하지 않는 다크웹이 있다.[113] 여기에서는 사용자의 위치와 같은 식별정보를 공개하지 않고 익명으로 통신할 수 있다. 당연히 구글과 같은 검색엔진으로는 찾을 수 없고 토르와 같은 특별한 브라우저를 사용해야 한다. 익명성이 보장되다 보니 마약과 총기, 포르노와 개인정보가 유통되는 불법의 온상이 되었다.

제조업 기반, 화학물질

모방 규제, 소재부품 산업을 옥죄다

4차 산업혁명과
소재부품

작년 초 발생한 코로나19는 우리 삶을 크게 바꾸어 놓았다. 코로나19 방역의 기본은 사회적 거리두기다. 실내에서 최소한 1m의 거리를 두어야 한다. 사회적 거리두기는 비단 행동만 아니라 마음을 변화시켰다. 이제 대학생은 물론 중고등학생들도 온라인 수업을 선호한다. 젊은 세대의 전유물이었던 온라인 쇼핑도 이제는 보편화되었다. 얼굴을 맞대고 하던 각종 회의도 이제는 화상 회의로 전환되었다.

비대면과 사회적 거리두기는 디지털 전환으로 대표되는 4차 산업혁명을 가속화시켰다. 마이크로소프트 나델라 CEO가 2년 걸릴 디지털 전환이 2개월 만에 이루어졌다고 평가했다. 디지털 전환의 중심에는 소프트웨어가 있다. 그래서 요즘 프로그래머의 몸값이 천정부지로 치솟고 있다. 심지어 수강생이 강의를 먼저 듣고 취직 후 수강료를 내는 온라인 교육 프로그램을 운영할 정도로 인기가 높다.

그렇다고 4차 산업혁명이 소프트웨어만으로 되지는 않는다. 하드웨어가 필요하다. 스마트폰의 시대를 연 애플의 아이폰 첫 모델은 삼성전자의 32비트 ARM 마이크로프로세서를 사용했다.[114] 그런데 배터리가 문제였다. 일상생활에서 사용하려면 충분한 대기와 통화 시간을 확보해야 했다. 그래서 620MHz 속도를 낼 수 있는 프로세서를 412MHz로 낮췄다.

전기차도 배터리가 중요하다. 일단 일상생활에 문제가 없을 정도로 용량이 충분해야 한다. 충전 시간도 중요하다. 운전 중 충전이 필요하면 가급적 짧은 시간 내에 충전할 수 있어야 한다. 단가도 중요하다. 너무 비싸면 충분한 용량을 확보하기 어렵다. 안전성도 중요하다. 자동차는 고속으로 충돌할 수 있는데 화재 위험이 크면 상용화하기 어렵다.

메타버스를 제대로 하려면 역시 중요한 게 배터리다. 가상현실을 구현한 것으로 유명한 페이스북의 오큘러스 퀘스트 2는 2시간 정도 사용할 수 있다. 애매한 시간이다. 온라인으로 세미나를 하려면 최소한 6시간은 쓸 수 있어야 한다. 무게도 중요하다. 오큘러스 퀘스트 2는 500g이나 된다. 짧은 시간 쓸 수는 있지만 오래 쓰면 얼굴이 아프다. 무게를 줄이려면 제품의 에너지 효율성을 높여야 한다.

배터리는 대표적인 화학 산업으로 소재가 매우 중요하다. 양극재, 음극재, 분리막, 전해액의 핵심 4대 소재가 배터리의 성능에 결정적 영향을 미친다. 공정은 전극, 조립, 화성, 기타 공정으로 나뉘고 각 공정은 다시 세부 공정으로 나뉜다.[115] 각 공정에서 같은 소재와 장비를 사용한다고 해도 동일한 품질의 배터리가 생산되지는 않는다. 미세한 차이가 수율을 결정한다.

배터리는 화학소재 산업인 만큼 화학물질의 안전 관리가 중요하다. 2013년 미국의 LG 화학 배터리 공장 가동이 6주간 중단된 적이 있었다.[116] 공장에서 사용 중인 화학물질 중 미국 환경보호처(EPA) 등록 여부가 불명확한 것이 있었기 때문이다.

우리나라의 LG화학, SK 이노베이션, 삼성 SDI는 높은 배터리 산업 경쟁력을 보유하고 있다. 그렇다고 이들 3개 대기업만으로 경쟁력을 유지할 수 있는 것은 아니다. 우리나라의 배터리 산업 생태계는 3개 기업을 정점으로 소재·부품·장비를 공급하는 중견·중소기업으로 구성되어 있다.

우리나라에는 뿌리산업법이 있다. 이 법에서는 주조, 금형, 소성가공, 용접, 표면처리, 열처리 등 제조업 전반에 걸쳐 활용되는 기반 공정 기술과 사출·프레스, 정밀가공, 로봇 센서 등 차세대 공정 기술을 뿌리 기술이라고 한다. 뿌리 기술, 일반인에게는 참 어색한 이름이다. 그럼에도 이렇게 이름을 지은 이유는 마치 식물의 뿌리처럼 당장 눈에는 보이지 않지만 기본이 되는, 그래서 뿌리가 흔들리면 산업 전체가 무너질 수 있기 때문이다.

글로벌 공급망과
소재부품

코로나19는 우리 일상생활의 사회적 거리두기만을 가져온 게 아니다. 국가 간에도 거리두기를 시작했다. 단순히 코로나19 확산을 막기 위한 국가 간 이동 제한에 그치지 않고 무역, 외교 등 전방위로 확대되고 있다. 그 중심에는 미국과 중국이 있다.

코로나19 발생 이전에도 미국과 중국의 관계는 그리 좋지 않았다. 트럼프 대통령이 무역 불균형을 지적하면서 갈등이 발생했고 미국 의회에서도 화웨이의 5G 통신장비 시장 점유율이 높아지는 것에 대한 우려가 나왔다. 고대 그리스의 스파르타와 그리스처럼 신흥 강국이 기존 강국과 패권을 두고 대결하는 '투키디데스의 함정'에 미국과 중국이 빠졌다는 평가가 나왔다. 그렇다고 파국으로 가기에는 여러모로 명분이 부족했다. 결국 2019년 12월 미국과 중국은 1단계 무역 합의를 했다.

2019년 말 중국에서 시작된 코로나19는 미국에게 패권 전쟁의 중요성을 깨닫게 하는 계기가 되었다. 우선 코로나19로 인한 미국의 피해가 매우 컸다. 사망자가 60만 명으로 제2차 세계대전, 배트남전, 한국전쟁 등 남북전쟁을 제외한 모든 전쟁에서 사망한 사람보다 더 많았다. 이로 인해 아시아인 혐오 현상이 발생하는 등 미국 국민들이 감정적으로 격앙되기도 하였다.

당초 유럽은 중국에 대해 미국만큼 부정적이지는 않았다. 유럽은 구글, 페이스북 등 정보통신보다 자동차와 같은 전통 산업 의존도가 높다. 그런 유럽에게 중국은 넓은 시장을 제공했다. 그렇지 않아도 경제 성장에 어려움을 겪고 있는 유럽에게 중국은 성장을 이끌어줄 좋은 시장이다. 그런데 코로나19가 발생해 유럽에 큰 타격을 입혔다. 게다가 홍콩 시민의 반발을 불러일으킨 보안법은 민주주의와 인권을 중시하는 유럽에게 중국과의 관계를 다시 생각하게 하는 계기를 제공했다.

일본과 호주도 이전부터 중국과 갈등관계를 겪고 있다. 일본은 2011년 센카쿠열도 영토 분쟁 이후 중국과의 거리두기가 이미 진행된 상황이다. 호주는 코로나19 이전부터 이미 중국과 스파이 문제로 심각한 갈등 국면에 처해 있었다. 호주는 투명성 부족을 이유로 코로나19 기원 국제조사를 제안하여 중국의 반발을 불러일으켰고 이런 분위기 속에서 중국은 자국 산업의 타격을 감수하면서 호주산 석탄 수입을 금지했다.

국가 간 거리두기는 글로벌 공급망 재편으로 이어지고 있다. 그간 세계의 공장 역할을 하던 중국에 대한 불안감이 확산되면서 미국과 유럽은 일정 수준 이상을 자국 내에서 생산하는 국가 전략을 추진하고 있다. 의료용품과 함께 반도체, 배터리와 같은 미래 산업이 주요 대상이다. 4차 산업혁명의 핵심은 D.N.A(Data, Network, AI)이다. 빅데이터, 인공지능, 사물인터넷, 클라우드를 활용하기 위해서는 소프트웨어와 함께 하드웨어, 특히 반도체가 중요하다.

일본과의 반도체 무역 분쟁은 소재 산업의 중요성을 일깨워 주었다. 외교 분쟁은 우리 주력 산업인 반도체의 핵심 소재에 대한 일본의 수출 제한으로 이어졌다. 일본의 시장 점유율이 높은 플루오린 폴리이미드, 리지스트, 에칭가스가 그 대상이었으며 국내 반도체 회사는 국산화 및 수출국 다변화를 통해 해결했다.

네덜란드 반도체 장비업체 ASML은 '슈퍼을'로 불린다. 통상 시장에서 구매자는 갑, 판매자는 을이다. 구매자가 판매 가격은 물론 판매 시기를 결정한다. ASML은 다르다. 장비 생산량이 한정되어 있다 보니 누구에게 팔지를 ASML이 결정한다. 장비를 생산하려면 다양한 소재와 부품이 필요하다. 이런 ASML도 어찌지 못하는 경우가 있다. 지금 미국은 네덜란드 정부를 압박해서 ASML이 EUV 장비를 중국에 수출하지 못하도록 막고 있다. 중국의 반도체 산업 발전을 막기 위해서 첨단 장비를 사용하지 못하도록 하겠다는 의도다.

전 세계 제일 강한
우리 규제 ─────

우리나라 화학물질 안전 규제는 대기업은 물론 스타트업에 매우 큰 부담이 되고 있다. 2012년 구미 불산 누출 사고 이후 화학물질관리법을 대폭 강화했다. 이에 따라 취급 시설 기준이 5배 이상 늘었다. 각종 검사를 위해 생산 라인을 세워야 하는 상황까지 발생하고 있다.

기업 규모가 작을수록 그 파급 효과는 더욱 크다. 대기업은 충분한 자본이 있어 필요하면 해외 컨설팅 회사를 활용할 수도 있지만 중소기업은 다르다. 화학물질 등록에 억대 비용이 들다 보니 해외로부터 수입을 중단한다. 스타트업은 더 부담이 크다. 이제 기술 창업한 스타트업에게 화학물질 등록은 감당하기 어려운 부담이다. 그렇다 보니 현장에서는 신규 화학물질 개발을 접고 있다.

화학물질 안전 규제가 산업에 미치는 영향이 큰 만큼 규제 개혁 요구가 지속적으로 제기되었다. 얼마나 큰 영향을 미치는지 상징적으로 보여주는 사례는 한일 간 반도체 분쟁이다. 당시 정부는 기업에 필요한 정책 지원 사항 제출을 요구했고 기업의 1순위는 화학물질 안전 규제였다. 하지만 인허가 기간 단축 이외에 특별한 대책은 없었다.

작년 말에도 화학물질관리법(화관법) 단속을 앞두고 중소기업이 개선을 요구했다. 대한화학회·한국화학공학회·한국공업화학회·한국고분자학회·한국화학학관련학회연합회 등 학술 단체까지 나서서 화학물질 등록 및 평가 등에 관한 법률(화평법)과 화관법 전면 개정을 촉구했지만 성과는 없었다. 올해는 화학물질 안전 규제는 해외보다 규제 수준이 높은 15개 과제 중 하나로 국무조정실에서 논의 중이다. 환경부는 다음 정부가 걱정되었는지 올해 5월에는 규제 개혁을 한다면서 화학안전포럼을 출범시켰다.

신문에는 미국보다 100배 이상 강한 규제, 유럽보다 10배 이상 강한 규제라는 문구가 헤드라인을 장식하고 있다. 정작 환경부는 유예 조항들이 있어 유럽보다 규제가 강하지 않다고 주장한다. 진짜 우리나라의 화학물질 규제 수준은 어느 정도일까?

한마디로 전 세계에서 제일 강하다. 2015년 일본 정부가 공개한 화학물질 평가 규제 비교표를 보면 유럽연합의 규제가 제일 강하고 미국, 일본 수준으로 규제 강도가 약하다. 일본과 미국이 신규 화학물질을 대상으로 하는 반면, EU는 신규와 기존 물질과 관계없이 모두 신고해야 한다. 우리의 화학물질평가법은 K-REACH라고 부를 정도로 EU REACH법(Registration, Evaluation, Authorization and Restriction of Chemical)을 모델로 한다. 일단 일본, 미국보다는 확실히 규제가 세다.

항목	일본(화심법)	미국(TSCA)	EU(REACH)
노출경로	환경	환경, 직업(흡입, 경피), 소비자(흡입, 경피)	환경, 직업(흡입, 경구, 경피), 소비자(흡입, 경피)
대상물질	[규제대상] 화합물 [규제 외] 원소, 성형품 중의 화학 물질, 천연물	[규제대상] 원소 및 화합물 나노 물질 성형품 중 화학 물질 (의도적 방출만 해당) 미생물	[규제대상] 원소(천연물 제외), 화합물 나노 물질 성형품 중 화학 물질 (의도적 방출만 해당)
신고대상	신규 화학 물질	신규 화학 물질	신규, 기존 관계없이 1t/년/회사 이상의 화학 물질 등록, 1t/년/회사 이상 성형품 중의 물질 신고
통상신고 건수	300건	500건	2500건 (누적,신규기존구분 없음)

출처: 해외 규제에 대해(경제산업성 화심법 시행상황검토회 1차회의 참고자료, 15.8.31, 재편집)

유럽과 비교해도 우리가 세다. 세부 규제를 하나씩 보면 우리가 센 것도 있고 약한 것도 있다. 우리나라의 신규 화학물질 등록 신고 대상은 0.1톤으로 EU의 1톤보다 기준이 높다. 그렇다고 모든 규제 기준이 EU보다 높은 것은 아니다. 기존 물질의 등록 유예 기간을 최대 10년까지로 하고 있다.

문제는 환경부의 화학물질 안전 규제 운영 능력이 EU에 비해 현저히 떨어진다는 점이다. 차라리 EU REACH를 그대로 들여왔으면 EU를 보면서 따라 할 텐데 우리 상황에 맞춘다고 변형하면서 또 다른 문제를 일으키고 있다. 주한 EU 기업까지 나서서 우리나라 규제가 EU보다도 빠르다며 개선을 요구할 정도다.

사실 화학물질 안전 규제는 EU조차 운영에 어려움을 겪을 정도로 어려운 주제다. 환경부는 우리 역량이 EU보다 부족함에도 이를 인정하지 않고 있다. 현장 목소리에 귀 기울이기보다는 규제 시행 기간을 연장을 통해 반발을 무마시키려고 한다. 기존 화학물질까지 등록해야 하는 2030년이 되면 우리 소재부품 산업은 지금과는 차원이 다른 위기에 직면할 것이다.

2

화학물질 평가, 과학이 안 보여

위해성 평가는
기본

우리가 매일 타는 승용차는 짧은 시간에 목적지로 데려다주기도 하지만 자칫 사고로 이어지면 우리 삶에 치명적인 영향을 미칠 수 있다. 그렇다면 승용차는 우리에게 얼마나 위험한 물건일까?

우선 자주 타면 위험하다. 만일 지하철만 탄다면 승용차로 인해 사고가 날 가능성은 없다. 물론 길을 가다가 차에 치일 수도 있다. 하지만 내가 운전해서 사고가 날 가능성은 제로다. 소형차에 비해 중형차는 사고가 나도 다칠 위험이 작다. 만일 에어백이 있다면 사고가 인한 피해를 훨씬 더 줄여줄 수 있다.

화학물질도 이와 같다. 독성이 있는 화학물질은 우리 인체에 악영향을 미친다. 우리는 그걸 유해성(hazard)이라고 부른다. 유해성이 높다고 해서 무조건 우리 건강에 해가 되는 것은 아니다. 아예 그런 화학물질을 사용하지 않는다면 우리에게 해가 될 가능성은 없다. 이렇게 우리가 화학물질에 얼마나 노출(exposure)되는가가 중요하다. 화학물질의 위해성(risk)은 유해성과 노출을 곱한 값이다. 유해성이 낮아도 노출 빈도가 높으면 위해성이 높아진다. 반면 유해성이 높아도 노출 빈도가 낮으면 위해성은 낮아진다.

화학물질 위해성 평가(risk assessment)의 기본 개념은 국제적으로 잘 정립되어 있다. 세계보건기구(WHO)는 물론 UN 식량농업기구(FAO)와 세계무역기구(WHO)는 평가 여부와 그 결과에 따라서 규제의 적정성을 판단한다. 물론 위해성 평가가 완벽하지는 않다. 그래서 사전 예방 원칙(precautionary principle)에 따라 조치를 할 수 있다. 다만 이 조치를 무기한 할 수는 없다. 되도록 빨리 위해성 평가를 해야 한다.

우리나라 화학물질 안전 규제는 이런 틀 내에서 운영하도록 법제화되어 있다. 화학물질등록평가법에서 유해성은 "화학물질의 독성 등 사람의 건강이나 환경에 좋지 아니한 영향을 미치는 화학물질 고유의 성질"로, 위해성은 "유해성이 있는 화학물질이 노출되는 경우 사람의 건강이나 환경에 피해를 줄 수 있는 정도"로 정의하고 있다.

과도한
자료 제출 요구 _____

우리 소재부품 기업의 주된 경쟁 상대 국가는 중국과 일본이다. 일본 기업과 경쟁하려면 평평한 규제 운동장에서 경쟁할수 있어야 한다. 이중 우리와 비슷한 틀의 화학물질 안전 규제를 운영하는 나라는 일본이다. 최근 범용 기술 분야 경쟁력이저하되면서 일본이 예전만 못하다는 평가가 나오고 있지만, 여전히 고기술 분야에서는 높은 경쟁력을 가지고 있다.[117] 노벨화학상을 8명 배출할 만큼 과학 수준도 벤치마킹 대상으로 부족하지 않다. 과연 우리 기업은 일본 기업보다 얼마나 큰 부담을지고 있을까?

우리나라는 기업이 화학물질을 등록할 때 모두 35종의 유해성 자료를 환경부에 제출해야 한다. 여기에는 16종의 인체 유해성 관련 자료와 19종의 환경 유해성 자료가 포함된다. 반면일본은 우리의 17%인 6종만 제출하면 된다. 그중 3종은 인체유해성, 3종은 환경 유해성 관련 항목이다. 일본에서 요구하는6종(Ames, 염색체 이상, 28일 반복투여독성, 조류생장저해, 물벼룩급성유영저해, 어류급성독성)은 모두 우리나라에서도 제출해야 하는 항목이다.

우리나라는 유해성 자료만 제출하지 않는다. 화학물질등록평가법 시행규칙에 따라 물리화학적 위험성 평가, 인체건강 유해성 평가, 환경 유해성 평가(분해성 및 농축성 등 거동 및 생태 영향), 잔류·축정 평가, 노출 평가(노출 시나리오 개발 및 노출 예측), 안전성 확인의 7가지 자료를 제출해야 한다. 한마디로 위해성 평가 과정에서 실시하는 세부 평가 결과는 물론 최종 결과까지 모두 제출해야 한다.

일본은 간단하다. 앞서 언급한 6종의 유해성 자료 이외에 추가로 제출해야 하는 정보는 노출 정보뿐이다. 이 정보는 그렇게 어려운 정보도 아니다. 예상되는 폐기 방법, 수송 형태, 취급 주의사항·비상시 취급 방법과 같이 화학물질을 취급하면 당연히 알고 있어야 하는 간단한 정보다.

일본 정부는 사업자에게 유해성 정보를 생산 또는 취득하게 되면 반드시 정부에 제출하도록 의무를 부과하고 있다. 다만 의무라고 해서 우리처럼 사업자가 강제로 해야 하는 것은 아니다. 사업 필요에 따라 유해성 관련 시험을 했을 때 제출하라는 것이다. 비 우수실험관리기준(GLP) 시설에서 시험한 때도 제출하도록 하고 있다. 정부가 평가할 때 데이터의 질이 조금 낮은 경우라도 도움이 된다고 생각하기 때문이다.

불투명한 평가 절차 ⎯⎯

환경부는 유해성 심사 결과를 고시 형태로 공개하고 있다.

그렇다고 독성에 관한 구체적인 검토 결과를 공개하지는 않는다. 경구 투여 시 동물 사망률과 같은 수치를 공개할 뿐이다. 실제 사람에게 어느 정도 독성이 있고 이를 어떻게 해석해야 할지에 관한 내용은 없다. 노출 평가와 위해성 평가 결과는 전혀 공개되지 않고 있다.

화학물질등록평가법에 따라 허가물질, 제한물질, 금지물질로 지정하려면 화학물질평가위원회 심의를 거쳐야 한다. 위원회는 1년에 1번 정도 개최되는데 논의 결과는 공개되지 않는다. 2015년 개최된 첫 회의가 유일하게 공개되었다. 과연 제대로 심의가 이루어지고 있는지 의문이다.

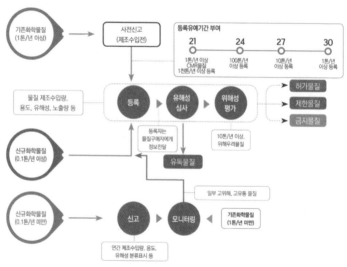

※ 위해우려제품 관리에 관한 사항은 "생활화학제품 및 살생물제 안전관리에 관한 법률"로 이관되어 안전확인대상생활화학제품으로 관리

출처: 2019년 개정화평법 리플렛(환경부)

위원회 구성도 과학과는 거리가 있다. 현재 위원 구성은 공개되지 않아 알 수가 없다. 2015년 공개된 첫 위원회 명단을 보면 모두 15명으로 구성되어 있다. 이중 위해성 평가 결과를 이해할 수 있는 전문가는 2명에 불과하다. 산업계 대표, 소비자 단체 대표로 구성되어 있는데 이들은 위해성 평가 결과 보고서를 보고 적절성 여부를 판단하기에는 전문성이 부족하다. 이를 보완한다는 취지에서 법에 따라 산하 위원회로 위해성평가위원회를 두고 있는데 위원회 명칭만 알려졌을 뿐 누가 위원이고 어떤 내용을 심의하는지는 외부에 전혀 공개되지 않고 있다.

국립환경과학원은 「화학물질 위해성 평가의 구체적 방법 등에 관한 규정」을 고시하고 있다. 내용을 보면 각종 용어의 정의와 확인할 사항과 같은 평가 방법에 대한 내용이 대부분이다. 절차는 위해성평가보고서를 공개하기 전에 필요하면 위해성평가위원회 심의를 거쳐야 한다는 것이 전부다. 이 또한 환경부 규정보다 7년 먼저 제정된 식약처의 「인체 적용제품의 위해성 평가 등에 관한 규정」을 참고한 것으로 보인다.

일본은 구체적인 위해성 평가 절차를 홈페이지에 공개하고 있다. 우선 신규 화학물질은 물론 일반 화학물질을 대상으로 스크리닝 평가를 한다. 여기에서 유해성 이외에 노출 정보까지 모두 검토한다. 이후 우선 평가 대상 물질을 선정한다. 이렇게 평가 대상을 선정하는 이유는 위해성 평가 작업이 간단한 작업이 아니기 때문이다. 일본에서는 통상 1차 평가 3번, 2차 평가까지 하면 모두 4번의 평가를 한다. 그렇다 보니 자원이 제한된 상황을 위해 발생 가능성이 큰 물질을 우선 평가하고 그 결과에 따라 규제를 하는 게 효율적이다.

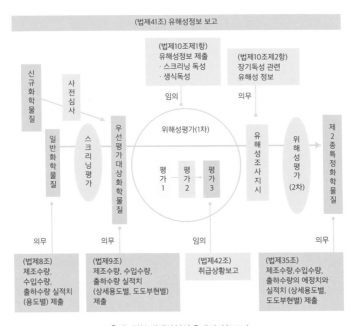

출처: 일본 경제산업성 홈페이지(2021)

일본 정부는 기업 부담을 줄여주는 데 주력하고 있다. 기업이 의무적으로 제출해야 하는 정보는 주로 제조 수입 수량과 용도별 출하 수량 관련 정보다. 1차 위해성 평가 단계에서는 유해성 관련 자료가 있는 경우에만 내면 된다. 다만 위해 발생 가능성이 크다고 판단해서 2차 위해성 평가를 할 때는 기업이 의무적으로 장기 독성 관련 정보를 제출해야 한다.

일본의 위해성 평가 과정은 홈페이지를 통해 공개되고 있다. 평가는 전문가로 구성된 후생노동성, 환경성, 경제산업성의 심의회가 한다. 위원은 모두 과학적 지식을 가진 전문가들이다. 그렇다고 이들이 산업계 시각을 반영해서 편향적으로 심의하기는 어렵다. 평가 자료는 물론 회의록까지 모두 공개한다. 투명성으로 전문가를 견제한다.

그렇다고 일본의 위해성 평가가 대단한 건 아니다. 국제 기준으로 보면 이 정도가 최소한이다. 미국이나 유럽의 평가 방법이나 절차는 일본보다 더 촘촘하다. 유럽의 경우 화학물질청(ECHA)이 관련 자료를 준비하고 그 결과를 외부에 공개한다. 산업체는 물론 민간 전문가들의 공개된 자료에 대해 의견을 제시한다. 이후 자문 기구의 의견까지 반영해서 보고서를 작성한다. 이렇게 작성한 보고서는 보통 수십 페이지에 이른다. 폼알데하이드(Formaldehyde)처럼 우리가 당연히 위험하다고 생각하는 물질도 예외는 없다. 그만큼 검토할 게 많다.

우리의 화학물질 평가는 일본의 위해성 평가 초기, 스크리닝 평가까지 진행하는 것으로 보인다. 한국화학물질관리협회가 수치를 입력하면 위해성 평가 결과가 나오는 전산 시스템을 운영해서 기업을 지원하고 있다. 이는 위해성 평가 대상을 선정하는 스크리닝 평가 자료이지 평가 결과는 아니다. 국제적으로 통용되는 위해성 평가 결과는 단순히 수치를 제시하는 수준을 넘어 몸의 어떤 부위에 영향을 미치는지를 알 수 있는 시나리오까지 제시하는 게 기본이다.

수치만으로 위해성 평가를 하는 것은 마치 과목별 시험을 보지 않고 학생의 아이큐와 책상에 앉아 있는 시간을 곱해서 성적을 내는 것과 같다. 물론 아이큐가 좋은 학생이 책상이 오래 앉아 있으면 성적이 높을 확률이 있다. 그렇다고 항상 그런 건 아니다. 학생이 책상에 앉아서 공부해야 한다. 딴생각을 하면 아무리 아이큐가 좋고 오래 책상에 앉아 있어도 성적은 떨어진다. 아이큐가 좋다고 모든 과목을 잘할 수 있는 것도 아니다. 심지어 과학 중에도 물리, 화학, 생명과학 중에도 잘하는 과목이 달라질 수 있다.

환경부 평가
역량 부재 ⎯⎯⎯

2019년 7월 28일 한국소비자원은 해외 직구 세정제에 대한 조사 결과를 발표했다. 25개 제품을 검사했는데 그중 7개(28.0%) 제품에서 가습기 살균제 성분인 CMIT, MIT가 검출되어 국내 안전 기준에 부적합하다고 발표했다. 이를 받아서 언론에서는 믿고 샀는데 속았다는 식으로 보도했다.

정말 위험한 제품이었을까?

그렇지는 않다. 이들 제품은 미국과 독일산으로 현지에서 팔리고 있었다. 한국소비자원도 이 사실을 알고 있었다. 보도 자료에 EU는 해당 성분 함유 시 성분명과 주의 표시만을 표기하도록 규정하고 있으며, 미국과 일본은 별도의 제한 규정이 없다고 언급했다. 종합해보면 우리나라의 불검출 기준을 위반한 것은 맞지만 안전 관리를 잘하는 선진국에서 팔리고 있으니 무조건 위험하다고 할 수는 없다는 말이다.

그렇다면 우리나라는 어떤 과학적 근거로 불검출 기준을 설정했을까?

이 질문의 답을 찾으려면 가습기 살균제 사건을 살펴봐야 한다. 1998년부터 2011년까지 27개 업체가 살균제를 판매해서 많은 피해자가 발생한 가슴 아픈 사건이다. 피해자 구제를 위해 특별법이 제정되었으며 지금까지 4,121명의 피해자가 공식적으로 확인되었다.[118] 사건 초기 살균제 성분과 건강상 피해의 관계에 대한 논란이 있었으나 질병관리본부가 역학 조사를 통해 폐 손상이 가습기 살균제와 연관되었음을 확인했다. 이런 상황에서 환경부는 불검출 기준을 설정했다. 이후 살균제 성분에 대한 위해성 평가를 진행했지만, 외부 연구 용역을 했을 뿐 공식적으로 발표한 적은 없다.

결론적으로 살균제 성분의 불검출 기준의 과학적 근거는 없다. 질병관리본부의 역학 조사 결과는 근거가 되지 못한다. 가습기 살균제와 세정제는 노출 정도가 크게 다르기 때문이다. 앞서 언급한 것처럼 위해성은 유해성(독성)과 노출 빈도의 곱이다. 독성이 있어도 노출되지 않으면 위해성은 크게 낮아진다. 하루 종일 켜 놓는 가습기 살균제는 노출 기간이 길다. 가습기 피해자는 수개월 또는 수년에 걸쳐 노출되었다. 한국소비자원에서 확인한 해외 직구 세정제는 다르다. 욕실 세정제는 청소할 표면에 대고 뿌리기 때문에 사람이 세정제에 노출되는 시간은 매우 짧다. 가습기 살균제와는 노출 시간에서 비교가 안 된다.

환경부의 위해성 평가 역량은 어느 정도일까?

우리나라에서 위해성 평가 역량이 가장 좋은 기관은 식품의약품안전처다. 과거 국립독성연구원 시절부터 위해물질의 과학적 평가를 담당했다. 식약처와 비교해보면 환경부의 역량을 가늠해볼 수 있다.

2017년 8월 식약처는 살충제 검출 계란에 대한 위해성 평가 결과를 발표했다. 위해성 평가 결과, 건강에 큰 우려는 없으며 한 달 정도 지나면 몸 밖으로 배출되고 일부 살충제 오염 계란은 매일 먹어도 큰 문제가 없다고 했다. 보도 자료 분량은 평가 결과를 설명한 본문 3장, 평가 방법과 평가에 사용된 주요 수치가 있는 첨부 자료 5장이었다. 이에 대해 여론은 매우 부정적이었다. 오염된 계란을 매일 먹으란 말이냐는 비판부터 만성 독성이 고려되지 않았다는 주장까지 다양했다.

2017년 9월 환경부는 생활화학제품 살생물 물질 위해성 평가 결과를 발표했다. 이번 평가는 전체 733종의 살생물 물질 중 185종에 대해 실시했고 문제가 된 4개 제품은 수거 권고를 내렸다고 했다. 보도 자료 제목은 위해성 평가 결과인데 본문에는 식약처처럼 어떤 식으로 계산했는지, 어떤 결과가 나왔는지 전혀 내용이 없었다. 첨부 자료로 4개 제품의 위해 우려 수준 수치를 제시했는데 이 또한 어떤 근거에서 나왔는지 전혀 알 수가 없었다. 언론에서는 특별한 반응을 보이지 않았다.

일반인의 눈높이에서 보면 환경부는 여론에 부응해서 적극적인 조치를 한 것으로 보인다. 반면 식약처는 여론의 흐름을 파악하지 못하고 오히려 혼란을 가중했다고 볼 수 있다. 식약처는 위해성 평가를 하면서 충분한 사전 의견 수렴을 하지 못해 일부 학회의 반발을 사기도 했다.

전문가의 시각에서 보면 정반대의 평가가 가능하다. 학생으로 비유하자면 식약처는 위해성 평가란 답안지를 제출했다. 내용은 부족할지 모르지만 나름 위해성 평가의 개념을 이해하고 자기 생각을 썼다. 환경부는 위해성 평가 답안지라고 제출했는데 다른 이야기만 있고 정작 질문에 대한 답은 없다.

우리나라는 유럽의 REACH 규제를 모델로 했기 때문에 K-REACH라고 부른다. 그렇다면 우리가 유럽과 동일한 수준으로 평가할 수 있을까? 물리적으로 불가능하다.

환경부 국립환경과학원의 담당 인력은 60명 정도 된다. 그에 비해 유럽에서 평가를 담당하는 화학물질청(ECHA) 직원은 500명 정도다.[119] 또한 이들만 평가에 관여하는 것이 아니다. 27개

회원국의 관련 부서 인력이 모두 참여한다. 최소한 2~30배는 된다. 그렇다고 평가 대상 화학물질의 수에서 차이가 있는 것도 아니다. 우리나라나 EU 모두 신규 화학물질은 물론 기존 화학물질 모두가 평가 대상이다. 참고로 우리보다 평가 대상이 적은 일본도 100명 정도 된다.

화학물질평가 제도 비교

항목	일본[1]	미국[1]	EU[1]	한국
신고 대상	신규화학물질[2]	신규화학물질[2]	신규, 기존 모두	신규, 기존 모두
근거 법률[3]	화심법	TSCA	REACH	화평법
주무 부처	경제산업성	환경청(EPA)	집행위원회 기업총국	환경부
규제 실시 조직	경제산업성, 후생노동성, 환경성, 제품평가기술 기반기구(NITE)	환경청	화학물질청(ECHA), EU 각 회원국 관련부서	국립환경과학원, 화학안전산업계 지원단, 한국환경공단[4,5]
직원 수	100명 (NITE 포함)	300명	500명(ECHA) +회원국 관련 부서 인력	60명 (국립환경과학원)+α

1) 해외 규제에 대해(경제산업성 화심법 시행상황검토회 1차회의 참고자료, 15.8.31)
2) 기존화학물질: 전적으로 행정당국 위해성 평가 실시
3) 화심법: 화학물질심사규제법
   TSCA: Toxic Substances Control Act
   REACH : Registration, Evaluation, Authorisation and Restriction of Chemicals
   화평법: 화학물질의 등록 및 평가 등에 관한 법률
4) 2019년 1월 1일부터 화평법이 달라집니다(환경부)
5) 등록신청, 개별제출확인, 선임·해임 : 국립환경과학원 / 화평법 상담, 문의 : 화학안전산업 계지원단 / 사전신고, 공동등록 협의체 가입 : 한국환경공단

스타트업 규제 개혁 아젠다

인력의 역량으로 들어가면 더 답이 안 나온다. 우리나라 환경 독성에 대한 연구는 역사가 매우 짧다. 2006년 Y 전 국립환경과학원 원장이 선진국의 20% 수준에 불과하다고 했을 정도다. 지난 10여 년 동안 선진국 수준으로 급격하게 성장했을 가능성은 희박하다.

위해성 평가 분야는 역사와 문화가 녹아 있는 한 나라 과학수준의 결정체다. 최고의 과학자 한 명이 있다고 해서 평가 결과가 나오지 않는다. 그걸 검증할 수 있는 학계의 역량이 필요하다. 우리나라에서는 학회지에 논문을 내고 위해성 평가를 했다고 하는 경우가 있는데 학술적으로는 맞지만, 국가 정책적으로는 틀리다. 그건 한 사람의 의견일 뿐이고 어떤 오류가 있을지 모른다. 다수가 옳다고 생각한다고 맞는 것도 아니다. 논리구조를 봐야 한다. 사람들이 모여 합의된 결과를 보고서로 만들어야 한다. 당연히 세세한 내용을 다 점검해야 해서 분량도 한 권의 책 수준으로 많아진다.

3

환경원리주의, 공포를 팔다

정부를 장악한
환경원리주의 ____

그간 환경부의 화학물질 안전 규제에 대해 국내 기업은 물론이고 외국 기업까지 개선을 지속적으로 요구해왔다. 여기에 환경부는 그리 호의적이지 않았다. 그렇다고 환경부가 잘못했다고 할 수는 없다. 국가적으로 필요하다고 판단한다면 아무리 산업계의 요구가 거세더라도 의견을 받아들이지 않을 수 있다. 그럼에도 정부기관이 넘지 말아야 할 선은 있다. 사실을 왜곡하면 안 된다.

2019년 6월 나온 환경부의 보도 자료는 그 선을 넘어버렸다. 서울경제신문 기사로 나온 화학물질 등록 유예기간을 연장해 달라는 산업계의 요구에 대해 환경부는 환경보건정책관 화학물질정책과 명의로 "가습기 살균제 유사 사고 재발 방지를 위해서는 화학물질 등록을 통한 유해성 정보 확보가 필수적으로 이미 등록 유예 기간이 최장 30년까지 부여되어 있어 더 이상 유예는 불가하다"는 반박 자료를 냈다.

우선 이 주장은 사실관계가 틀리다. 지금 화평법을 폐지해도 앞으로 가습기 살균제 같은 안전사고는 일어나지 않는다. 생활화학제품과 가습기 살균제 같은 살생물제는 화학제품안전법의 적용을 받는다. 살균제 사고 이후 만들어졌던 화평법의 생활화학제품 관련 규제는 2018년 3월 화학제품안전법으로 독립했다. 이 법에 따라 실태 조사부터 위해성 평가, 안전 기준은 물론 제품 승인, 사후 관리까지 모든 과정을 관리한다. 만일 생활화학제품 관리를 위해 화평법에 따라 자료를 받고 있다면 그건 개선되어야 할 중복 규제다.

해당 보도 자료의 내용을 살펴보면 과연 이 자료가 훈련된 공무원이 작성한 것인지 의문이 든다. "국내 영세중소기업도 모두 동일하게 적용을 받는 법률을 주로 대기업으로 구성된 외투 기업이 적용 유예를 주장하는 것은 가습기 살균제의 교훈을 잊고 우리나라 국민 건강 보호권을 무시하는 처사"라는 표현은 대기업, 특히 외국인 투자를 적대시한다는 점에서 통상적으로 정부 보도 자료와는 거리가 멀다. 오히려 시민단체 성명서에 가깝다.

공무원은 이렇게 위험한 보도 자료를 작성하지 않는다. 필자가 공직생활을 하면서 교육받은 보도 자료의 기본은 객관성과 중립성이다. 사실관계가 틀리면 안 된다. 나중에 감사에서 빠져나갈 수 없다. 절대 감정적으로 선동하면 안 된다. 이건 헌법상 정치적 중립 의무와도 직결된다. 어떻게 공무원이 이런 자료를 작성할 수 있었을까?

일련의 상황을 조합해보면 그 배경을 추측할 수 있다. 시민단체가 정부의 논의 구조를 장악하고 있다. 위에서 언급한 보도 자료가 나올 당시 환경부 담당국장은 국내 의과대학 A 교수였다. 예전부터 기준치 이하 방사선도 노출되면 위험하다고 할 정도로 환경시민단체와 시각을 공유하고 있었다.

2021년 8월 국무조정실은 규제 챌린지(신규 화학물질 등록기준 완화) 규제입증위원회를 개최했는데 A 교수가 위원장을 맡았다. 환경부 국장 임기를 마치고 대학에 복귀한 후 정부 내 의사결정을 주도하고 있다.

A 교수의 위상은 환경부에 있을 때도 그냥 공무원이 아니었다. 환경부 국장 재임 당시 "환경부 비전 1년, ○○○환경보건정책관이 국민께 보고드립니다"라는 영상[120]을 유튜브(2018.8.28.)에 올린 적이 있다. 국민께 보고하는 영상을 장관이 아니라 외부 개방직 국장이, 그것도 부처가 아닌 자신의 이름으로 홍보 영상을 찍는다는 게 얼마나 특이한 일인지 공직사회를 경험해본 사람은 잘 알 것이다.

시민단체가 화학물질 안전 규제를 주도하는 것은 비단 A 교수의 사례만은 아니다. 환경부는 정책의 투명성을 높이고 소통을 강화한다는 취지로 2021년 5월부터 화학안전정책포럼을 운영하고 있다.[121] 부처가 공식적으로 운영하는 포럼은 국·과장이 주도하고 사무관이 간사를 하는 게 일반적이다. 그런데 이 포럼은 다르다. 환경부 포럼인데 시민단체 C 부소장이 발제하고 좌장으로 논의를 주도한다. 포럼 구성을 보면 산업협회와 시민단체로 구성되어 있는데 위해성 평가 전문가는 없다. 마치 시민단체가 산업계의 애로사항을 듣는 구도다. 이 모습이 현재 대한민국 환경부의 현실이다.

탈원전을 똑 닮은
화학물질 규제

문재인 정부의 무리한 탈원전 정책은 많은 논란을 초래했으며 기후의 변화로 인한 에너지 소비 증가와 함께 탄소 배출 저감화가 필요한 상황에서 앞으로도 우리 경제에 큰 부담으로 작용할 것으로 보인다. 화학물질 안전 규제는 탈원정 정책과 많은 부분에서 비슷하다.

첫째, 실제 사고가 났다. 일본 후쿠시마 원전 사고는 비록 우리나라에서 발생한 것은 아니지만 이웃 국가이다 보니 일본산 수산물은 물론 국내 원전에 대해 국민들이 많이 불안해했다. 그런 흐름에서 2017년 대선 후보 5명 중 4명이 원전 및 석탄발전 축소를 공약으로 제시하기도 했다.

2011년에는 가습기 살균제 참사, 2012년에는 구미 불산 누출 사고가 발생했다. 가습기 살균제는 정부의 늦장 대응 속에서 4천 명이 넘는 피해자가 발생했다. 불산 사고로 현장 근로자 5명이 사망하고 7천여 명이 넘는 지역 주민이 병원 진료를 받았다. 정부의 미흡한 대응 속에서 주한미군 화학 대대까지 출동하면서 겨우 사고가 수습되었다.

둘째, 대응이 지나치다. 무리한 탈원전 정책은 에너지 수급의 혼선을 넘어서 감사원 감사와 검찰 수사로 이어졌다. 월성 1호기 조기 폐쇄로 관련 공무원이 구속되고 장관까지 법정에 서야 하는 처지가 되었다. 급격한 정책 변화로 관련 국내 기업들이 도산하면서 글로벌 최강이라던 우리 원자력 산업 경쟁력은 급격하게 약해지고 있다. 산을 깎아가며 확대한 태양광 발전은 경제성 논란과 전력계통 인프라 부족으로 제구실을 하지 못하고 있다. 이 와중에 올해는 역대급 폭염이 발생했고 에너지 수요가 급증하면서 원자력 발전을 대폭 확대하는 상황이 연출되었다.

화학물질 안전 규제도 산업계의 강하고 지속적인 반대 속에서 그대로 밀어붙였다. 일본과의 반도체 분쟁 속에서도 산업계는 제일 중요한 개선 과제로 제시했지만, 전혀 반영되지 않았다. 화학물질을 취급하는 중소기업은 도산하고 있고 이대로 2030년까지 가면 우리 부품소재 산업의 경쟁력은 크게 약화될 것으로 보인다. 이 자리는 고스란히 중국 기업이 차지할 것으로 예상된다.

셋째, 비과학적이고 편향적이다. 원자력계에 대한 불신으로 원자력 전공자를 최소화하다 보니 월성 원전 1호기 영구 폐쇄를 결정한 원자력안전위원회는 역대 전문성이 제일 떨어진다는 평가를 받고 있다.[122] 이를 가장 잘 보여주는 사례는 라돈 침대 방사선 논란이다. 대규모 회수와 폐기로 이어진 이 사건에서 정작 과학은 보이지 않았다. 원자력안전위원회가 처음 발표한 평가 결과에서 문제가 없는 것으로 나오자 여론은 들끓었고 결국 노출 시나리오를 재설계하면서 위해하다는 평가 결과를 발표했다. 현장에서는 이미 답이 정해진 평가라 재평가가 끝나기도 전에 원안위가 결과를 발표했다는 주장까지 나왔다. 당시 국내 코스트코에서 팔던 베개가 금지 대상에 올랐는데 정작 똑같은 베개를 미국에서는 아무런 문제 없이 판매하고 있었다.

화학물질 안전 규제도 마찬가지다. 가습기 살균제 성분(CMIT, MIT)이 들었다는 이유만으로 미국과 독일에서 판매되는 분무형 세정제 판매가 금지되었다. 이들 성분에 대한 위해성 평가 결과는 없다. 물론 독성은 있지만 그렇게 따지면 반수 치사량이 있는 소금(LD50 3g/kg)[123]도 판매하면 안 된다.

논의 과정에서 객관적 사실이나 과학자의 의견은 철저히 무시된다. 전문가들은 과학적 근거를 대면서 라돈 침대가 위해하지 않거나 가습기 살균제 성분인 CMIT, MIT는 오히려 다른 화

학물질에 비해 안정성이 높다고 주장한다. 하지만 아무도 들어
주지 않는다.

해외 사례를 의도적으로 왜곡하는 현상이 빈번하게 일어난
다는 점을 고려하면 전문가 의견 무시는 사실 그리 놀랄 일도
아니다. 탈원전 지지 그룹은 독일을 예로 들면서 탈원전이 글
로벌 대세인 것처럼 주장한다. 정작 옆 나라인 프랑스는 전체
발전량의 70%를 차지하는 원전 축소에 매우 소극적이다. 최근
유럽연합에서는 탄소 제로를 가속화 하기 위해 원전이 꼭 필요
하다는 생각에서 탄소 제로 정책인 그린 딜(Green Deal)에 원자
력 발전을 명문화시키는 논의를 진행하고 있다.[124)

EU 화학물질 안전 규제를 대세인 것처럼 주장하는데 미국
은 기존 규제 체계를 그대로 유지하고 있다. 유럽 정책을 참고
하는 일본도 자국 상황에 맞춰서 유럽 규제를 유연하게 풀어가
고 있다. EU도 화학물질 안전 규제(REACH)를 국민의 건강과 환
경 보호만을 염두에 두고 운영하지는 않는다. 점점 더 악화하
는 자국 기업의 해외 경쟁력을 높이는 데 활용하고 있다.

넷째, 이념화된 시민단체가 주도한다. 탈원전 정책은 원전의
안전한 활용이 아니라 원전의 전면 폐기를 목적으로 한다. 아
무리 원전의 안전성을 높이더라도 탈원전 지지자의 요구를 충
족시킬 수 없다. 이들은 원전이 일으킬 매우 작은 위험도 용인
하지 않는다. 과학적 증거나 원전의 안전 장치는 중요하지 않
다. 이들에게는 원전 폐기만이 답이다.

화학물질 안전 규제도 마찬가지다. 화학물질을 안전하게 관리하는 것은 의미가 없다. 위험을 완전히 없애려면 화학물질을 쓰지 말아야 한다. 위해성 평가를 하지 못하더라도 최대한 많은 자료를 요구해야 한다. 그렇게 해서 화학물질 사용을 불편하게 할수록 화학물질 반대론자가 생각하는 이상적인 사회가 된다. 과학적 평가나 미국, 유럽에서의 허용 여부는 중요하지 않다.

유일한 차이가 있다. 원전과 화학물질 규제가 전반적으로 비슷하지만 국민들의 인식이 크게 다르다. 원전은 정치 쟁점화가 되었고 많은 국민이 학습하게 되면서 균형 잡힌 논의가 진행될 것으로 보인다. 반면 화학물질 규제는 여전히 경제계의 희망 사항에 머무르고 있다. 규제로 인해 일자리를 잃는 국민조차 화학물질 안전 규제의 심각성에 대해 잘 모른다. 화학물질 규제 개혁이 어려운 이유다.

칸막이 규제에 힘든 기업

고용부와의
기능 중복 ____

화학물질 안전 법률로는 앞서 설명한 화평법 이외에 환경부의 화학물질관리법(화관법)과 고용노동부의 산업안전보건법(산안법)이 있다. 두 법률의 취지가 다른 것 같지만 그리 큰 차이는 없다. 두 법 모두 사람의 건강을 위한다. 화관법은 모든 국민, 산안법은 근로자를 위한 법률이라는 점만 다르다. 이렇게 규제 영역이 중복되다 보니 현장에서는 관련 규제를 지키는 데 큰 어려움을 겪고 있다.

우선 화학물질을 제조·수입하면 화관법에 따라 유해성, 위해성 관련 자료를 환경부 장관에게, 산안법에 따라 고용부 장관에게 자료를 제출해야 한다. 물론 평가도 두 부처가 따로 한다.

이뿐만 아니다. 화학사고예방관리계획서와 유해위험방지계획서는 각각 작성해야 한다. 행정 절차를 간소화한다는 취지로 환경부가 장외영향평가서와 위해관리계획서를 통합하고 고용부에 공정안전보고서를 제출하면 일부 항목을 면제해주는 규제 개혁을 했지만[25] 그렇다고 본질이 달라지지는 않는다.

고용부에서 담당하지 않는 장외 영향 평가 이외에는 시설 관리, 위험도 분석 등 많은 부분에서 중복된다. 그럴 수밖에 없는 게 화학물질 사고가 나면 일단 현장에서 노출된 작업자가 위험하다. 화학물질이 공장 밖으로 나가면 주민이 위험해진다. 하나의 현상을 두 부처가 따로 하려다 보니 중복될 수밖에 없다.

관련 교육 및 훈련도 다 따로 해야 한다. 현장에서 검사를 받아본 사람들은 안다. 규제 내용이 비슷하다고 한 번만 하면 되는 게 아니다. 각 법률에 맞는 제목에 따라 다 따로 해야 한다. 공무원이 점검을 나왔을 때 내용은 물론 명칭이 맞지 않으면 하지 않은 것으로 본다. 이는 행정처분, 형사처벌 대상이 된다.

산안법과 화관법의 규제 혼선은 해묵은 과제다. 서울대 윤충식 교수에 따르면 2015년 기준으로 산안법과 화관법 관리대상 물질 중 중복되는 경우가 266종이라고 한다. 그 외 산안법 456종, 화관법 729종은 각각 관리한다. 어차피 인체 위해 여부가 중요한데 이렇게 차이가 날 일은 아니다.

산안법(722종)　　화관법(995종)

456종　　266종　　729종
　　　　　(산안법 기준)

가솔린, 에탄올,　포름알데히드,　무수 크롬산,
활성탄 외　　포스겐,　칼륨 외
　　　　　벤젠 등

2015년 1월 기준 - 법적으로 고시된 수 기준.
중복 및 삭제 된 물질 제외, CAS No. 기준으로 집계함.

출처: 고용노동부 및 환경부의 화학물질관리(2016, 윤충식)

일본은 우리와 법체계가 비슷하다. 우리의 화평법, 화관법, 산안법처럼 화학물질심사규제법, 화학물질배출파악관리촉진법, 노동안전위생법이 존재한다. 화평법, 화관법의 경우 법 명칭은 다르지만 약어는 동일하다. 일본의 화관법은 법률의 정식 명칭에 나오는 것처럼 화학물질의 환경 배출량 파악과 함께 화학물질의 이동 정보를 공유하는 데 초점을 두고 있다. 왜 그럴까? 작업장 내부에서의 안전 관리는 노동안전위생법에 따라 관리하면 충분하다고 보기 때문이다.

식약처와의 기능 중복

모든 사고에는 여러 가지 복합적인 요인이 작용한다. 가습기 살균제 사고도 마찬가지다. 제조업자는 제대로 위해성 평가를 하지 않은 채 제품을 시장에서 판매했다. 정부의 책임도 크다. 살균제가 인체에 해를 끼칠 수 있었음에도 제대로 관리하지 않았다. 소관 부처였던 산업부는 자율안전확인대상 공산품이라며 업체의 자율에 맡겼다.[126] 산업부는 전기용품 발화 사고와 같은 물리적 위해를 판단할 수 있지, 독성물질과 같은 화학적 위해 여부를 판단할 역량이 없다. 말 그대로 가습기 살균제는 규제의 사각지대에 놓여 있었다.

정부는 사고 재발을 막는다는 취지로 2016년 11월 생활화학제품 안전 관리 대책을 발표했다. 생활화학제품 관리를 산업부는 물론 환경부, 복지부, 식약처가 담당하고 있는 것이 확인되었고 부처 간 기능 조정이 시도되었다. 대부분의 기능 조정이 그렇듯이 이번에도 순탄치 않았다. 소비자를 중심에 두고 안전 관리 효율성을 높이기보다는 기존 부처 간 역할 분담을 유지하는 선에서 다양한 제품을 어떻게 분담할 것인지에 초점이 맞춰졌다. 결국 기존에 관리하지 않던 제품에서 위해성이 발견되는 경우 국조실, 환경부, 산업부, 식약처 등이 참여하는 제품안전협의회에서 소관 부처를 정하는 것으로 발표되었다. 이후 이러한 역할 분담은 법률 제정 과정에서 관련 부처와 협의를 거쳐 환경부가 결정하는 것으로 변경되었다. 그렇다고 부처 간 갈등이 사라진 것은 아니다.

기존 관리 체계

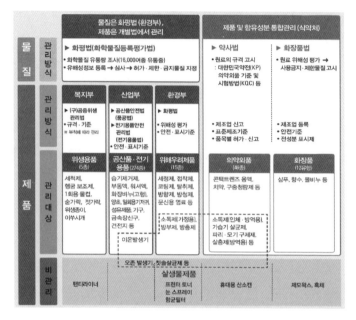

출처: 2016년도 생활화학제품 안전관리 대책(2016.11.29.)

스타트업 규제 개혁 아젠다

관리 체계 개편안

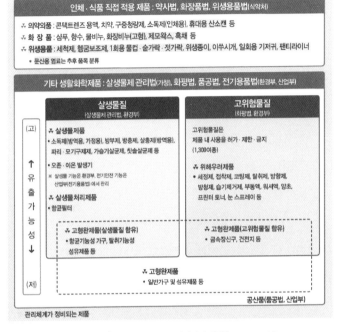

출처: 2016년도 생활화학제품 안전관리 대책(2016.11.29.)

2021년 1월 생활화학제품 및 살생물제 관리에 관한 종합계획이 발표되었다. 발표 주체는 관계 부처 합동이지만 실제 내용을 보면 거의 환경부 소관이다. 중기부, 교육부, 외교부만 협조 부처로 들어가 있을 뿐 2016년 계획 발표 당시 협의 부처였던 식약처, 산업부는 아예 언급조차 없다. 당초 계획과 달리 협조 없이 각자 하기로 한 것 같다.

계획에는 방역용 소독제 등 안전 검증 강화, 국제적 승인 물질 안전성 평가와 함께 화학물제품관리평가원과 화학제품중독 정보센터 설치 등이 포함되어 있다. 이러한 업무는 현재 식약처의 기능과 정확히 겹친다. 식약처는 화장품과 의약외품에 대해 동일한 전문성을 바탕으로 유사한 관리 체계를 구축하고 있다. 환경부 입장에서는 조직이 늘어나서 좋을지 모르지만 국민 입장은 다르다. 식약처가 해도 될 일을 비슷한 조직을 또 만들고 인력과 예산을 늘리면 국민의 혈세가 낭비된다.

더 걱정스러운 것은 그러잖아도 부족한 우리의 역량을 분산시킨다는 점이다. 우리는 유럽이나 미국과 비교해 정부는 물론 민간 전문인력의 절대 수가 부족하다. 최대한 효율적으로 해야 미국이나 유럽과의 격차를 좁힐 수 있다. 그런데 비슷한 일을 따로 또 하게 되면 효율성은 더 낮아질 수밖에 없다. 현재 환경부의 위해성 평가 역량은 식약처보다 20년 정도 뒤처져 있다. 이제 시스템을 구축하는 단계이고 아직 외부로 발표한 위해성 평가 결과도 없다.

식약처와 품목 구분도 여전히 명확하지 않다. 식약처는 '가습기 내의 물에 첨가하는 제제(미생물 번식과 물때 발생 예방 목적)', 즉 가습기 살균제를 의약외품 나군으로 관리하고 있다.[127] 식약처가 관리하는 위생용품도 생활화학제품과 구분이 어렵다. 과일이나 조리기구를 씻을 때 사용하는 세척제가 대표적이다.

화학물질의 평가는 통합적으로 하는 것이 전 세계적인 흐름이다. 결국 어느 품목에서 유래하든지 인체에 흡수·축적된 화학물질의 전체 양에 따라 우리 건강이 영향을 받기 때문이다. 우리 몸은 화학물질이 환경부 소관 품목에서 유래한 것인지, 식약처 소관 품목에서 유래한 것인지 따지지 않는다. 이런 취지에서 인체 적용 제품 및 물질에 대한 통합 위해성 평가(integrated risk assessment)를 하려는 노력이 국내외적으로 시도되고 있다. 프랑스는 식품은 물론 소비생활제품, 심지어 산업보건, 환경보건까지 위해성 평가를 한 곳에서 한다. 물론 화학물질을 다양한 산업과 제품에서 사용하기 때문에 완전한 일원화는 현실적으로 쉽지 않다. 대부분의 국가는 나눠서 관리한다. 하지만 생활화학제품을 환경부에서 관리하는 나라는 없다.

주요국 위해성 평가 주요 기관

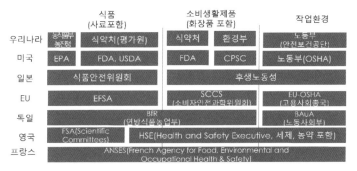

	식품 (사료포함)		소비생활제품 (화장품 포함)		작업환경
우리나라	농촌진흥청/농림부	식약처(평가원)	식약처	환경부	노동부 (안전보건공단)
미국	EPA	FDA, USDA	FDA	CPSC	노동부(OSHA)
일본	식품안전위원회		후생노동성		
EU	EFSA		SCCS (소비자안전과학위원회)		EU-OSHA (고용사회총국)
독일	BfR (연방식품농업부)				BAuA (노동사회부)
영국	FSA(Scientific Committees)		HSE(Health and Safety Executive, 세제, 농약 포함)		
프랑스	ANSES(French Agency for Food, Environmental and Occupational Health & Safety)				

주) 본 자료는 흐름을 파악하기 위해 단순화한 자료, 세부적 내용은 별도 확인 필요.
    영국의 경우, 소비생활제품 안전관리는 산업담당부처, 위해평가는 사업자

<약어 설명>
CPSC: 소비자제품안전위원회(Consumer Product Safety Commission)
OSHA: 산업안전보건청(Occupational Safety and Health Administration)
EFSA: 유럽식품안전청(European Food Safety Agency)
EU-OSHA: 산업안전보건청(European Agency for Health and Safety at Work)
BAuA: Federal Institute for Occupational Safety and Health
BfR: 연방위해평가원(Federal Institute for Risk Assessment)

정부가 제자리를 잡아야

산업 진흥 목적의
EU REACH

한 나라의 제도를 다른 나라에서 이해하는 것은 어려운 일이다. 무엇보다 하나의 제도를 둘러싼 경제·사회적 환경을 이해하기가 쉽지 않다. 문화적 차이까지 제도에 영향을 미치게 되면 더욱 그렇다.

유럽의 화학물질 안전 규제(REACH)는 이런 현상이 발생하는 대표적 사례 중 하나다. 제도 자체는 많이 알려졌지만 왜 이런 제도가 도입되었는지 그 취지는 별로 알려지지 않았다. 그렇다 보니 제도 운영 과정에서 우리 생각과는 다른 현상을 보게 된다.

EU REACH의 근거 법률은 2006년에 제정된 법규 No

1970/2006이다. 1조1항에서 사람 건강과 환경을 높은 수준으로 보호하고 경쟁력 향상과 혁신을 통해 EU 내부 시장의 물질의 자유로운 유통을 보장한다고 제정 목적을 산업 진흥으로 명시하고 있다. 국민 건강과 환경 보호만 법의 목적으로 제시한 우리나라의 화평법, 화관법과는 근본적인 차이가 있다.

사람과 환경을 우선시하지만, 산업 진흥을 고려한다는 EU REACH는 실제 법규 운영 과정에서도 그대로 드러난다. REACH의 집행 기능을 담당하는 조직은 독립 기구인 유럽화학물질청(ECHA)이다. 이 기관은 집행기관으로 정책 결정을 하지는 않는다. 정책 결정은 EU 집행위원회(commission)에서 한다.

REACH의 정책 결정은 산업총국(GROW)과 환경총국(ENV)이 공동으로 수행한다.[128] 화학물질 안전과 관련해서 환경총국이 전담하는 규제가 있는데 수출입을 관리하는 사전 통보 규제(Prior Informed Consent, PIC)다. 화학물질의 분류, 표시, 포장 규제(classification, labelling and packaging of substances and mixtures)는 REACH처럼 산업총국과 환경총국이 공동으로 한다. 환경총국이 환경만 바라보면서 단독 추진했을 때 산업적 영향이 클 것을 우려해서 나온 묘책으로 보인다.

유럽을 벤치마킹한 일본도 비슷한 방식을 취하고 있다. 화평법 소관 부처는 경제산업성, 후생노동성, 환경성이다. 우리나라 산업부 기술표준원에 해당하는 경제산업성 제품평가기술기반기구(NITE)가 중요한 역할을 한다. 환경과 산업, 인체 영향 등

3개 요소의 조화를 도모하고 있다. 환경부가 전담하고 있는 우리와는 근본적으로 다르다.

유럽 REACH 규제는 신재생 에너지 규제와 맥을 같이 한다. 우선 명분이 중요하다. 유럽은 미국과 일본보다 환경 보호에 적극적이다. 그렇다고 환경 보호만을 생각하지는 않는다. 경제적, 전략적 효과를 노린다.

현재 유럽의 산업 경쟁력은 그리 높지 않다. 우선 유럽의 인터넷 기반 플랫폼 시장은 미국 기업이 휩쓸고 있다. 아마존, 구글, 페이스북을 상대로 EU 집행위원회가 규제를 강화하고 있지만 이미 판은 기울었다. 제품의 가격 경쟁은 우리나라는 물론 중국과도 상대가 되지 않는다. 대신 유럽은 4억5천만 명의 확고한 내수 시장을 가지고 있다. 규제 장벽을 세워서 미국, 중국, 한국, 일본 기업의 유럽 시장 침투를 막으면 자체적으로 충분히 경제 성장을 꾀할 수 있다.

이런 측면에서 화학물질 안전 규제는 신재생 에너지 규제와 함께 매우 좋은 수단이다. 일본은 이런 상황을 인식하고 유럽의 규제에 맞춰 자국의 화학물질 안전 규제를 개편했다. 물론 유럽만큼 공격적이지는 않다. 일본도 경제가 어려운 만큼 산업 경쟁력 보존이 중요하다. 그래서 유럽과 틀은 같되 실제 내용은 완화해서 운영한다. 우리나라는 산업 경쟁력은 고려하지 않는다. 유럽이나 일본의 시각에서 보면 명분을 위해 국가적 이익을 포기하는 순진한 나라다.

우리가 얼마나 산업계를 무시하면서 화학물질 안전 규제를 운영하는지 쉽게 알 수 있는 사례가 있다. 유럽 화학물질청(ECHA)은 5년마다 사업평가보고서를 발간한다. 여기에는 제도의 효과성, 효율성, 일관성 등 16개 질문에 대한 답변이 실려 있다. ECHA와 사업자 간에 얼마나 강하고 진실된 관계가 형성되어 있는지 평가한다.

이런 모습은 일본에서도 확인된다. 경제산업성은 화평법 시행 상황 검토회를 여러 차례 개최하고 보고서를 발간했다. 화관법은 1만4천 개 사업장을 대상으로 제도의 이해와 전산 시스템 이용 여부, 물질 대체의 문제점 등을 직접 설문 조사했다. 유럽과 일본 정부는 현장과의 소통을 매우 중시하고 있다.

우리나라 환경부는 산업계와 거의 소통이 되지 않는다. 산업계 대상 설문 조사는 고사하고 언론 보도를 두고 산업계와 진실 공방을 벌이고 있다. 2019년 5월 환경부는 언론을 통해 제기된 산업계의 의견을 10개로 정리하고 반박하는 자료를 냈다. 내용을 살펴보면 취급 시설을 운영하려면 기술사 등 인력을 채용해야 한다는 것부터 배관 검사로 모든 생산 라인을 멈춰야 한다는 것까지 다양하다.

물론 일부 규제에 대해서는 산업계에서 잘못 이해했을 수도 있다. 공무원이 규제를 만들어 고시하면 모두가 알 것 같지만, 이해가 다 다르다. 특히 화학물질 규제처럼 유예 기간 조정이나 유권 해석 등이 수시로 발생할 때는 쉽게 업데이트가 되지 않는다. 대기업은 전담 인력을 두지만, 중소기업은 화평법, 화관법만 보고 있을 직원이 없다. 부처의 소통 부족을 반성해야지, 모른다고 면박을 줄 일은 아니다.

환경부 대응 논리 중 이해가 되지 않는 부분도 있다. 배관 검사로 모든 생산 설비를 멈춰야 한다는 산업계 주장에 대해서 배관 검사는 전체 20%만 적용하고 비파괴 검사는 공장 가동 중에서도 가능하다고 했다. 이에 대해 산업계는 다시 반박했다. 산업 현장을 두고 산업계와 환경부가 진실 공방을 벌이고 있다. 법령은 환경부가 더 잘 알 수밖에 없듯이 산업 현장은 산업계에서 더 잘 알 텐데 이걸 두고 다투는 상황이 안타깝다.

정부 무능이
기업 부담으로

화학물질 안전 규제를 개혁하려면 왜 우리가 지금과 같은 상황에 직면하게 되었는지를 먼저 살펴봐야 한다. 지금 이렇게 된 이유는 명확하다. 정부가 중심을 잡지 못하고 여론에 휘둘리면서 국민의 불안을 증폭시키고 비현실적 규제를 더욱 복잡하게 만들었다.

2011년 가습기 살균제 참사, 2012년 구미 불산 누출 사고 등에서 보여준 정부의 대응은 낙제점 수준이었다. 이후 보여준 정부의 대응도 점차 개선되기는 했지만, 국민의 불안을 잠재우기는 역부족이었다. 여론에서 비판하면 과학적 평가를 바꿀 정도로 사실상 정부의 권위는 무너졌다. 이런 상황에서 정부의 선택은 책임을 회피할 수 있는 일방적인 규제 강화뿐이었다.

기존 규제를 개선하고 집행 효율성을 높여 안전 수준을 높이기보다는 조금이라도 위험한 일은 아예 못하도록 틀어막으려고 했다. 결국 산업 자체가 흔들리는 상황에 직면하고 있다. 대기업은 그래도 나은 편이다. 수많은 규제를 요구해도 대기업은 담당 직원도 있고 국내에서 안 되면 해외 컨설팅 기업을 활용할 수도 있다. 환경부가 못하는 위해성 평가도 대기업은 할 수 있다. 중소기업은 다르다. 대기업 수준의 규제를 요구하면 당해낼 중소기업은 없다. 화학물질 안전 규제가 대기업에 불편함을 주는 정도라면 표면처리업과 같은 중소기업은 생존이 달린 문제다.

우리나라 정부는 중소기업 친화적이기로 유명하다. 외국에서는 당연히 기업이 해야 할 일도 정부가 책임지고 해준다. 때로는 정부 지원이 오히려 중소기업의 자생력을 꺾는 것 같아 아쉬울 정도다.

화학물질 안전 규제는 다르다. 정부는 최대한 민간기업의 부담을 높이고 가급적 책임을 지지 않으려고 한다. 유럽연합의 각종 평가 자료를 정부가 사용하면 무료다. 공적인 목적으로 사용하기 때문이다. 그런데 그 자료를 국내 기업이 환경부에 제출할 때는 비용을 해외 기업에 내야 한다. 상업용 목적이라는 이유다. 예전 같으면 당연히 정부가 했을 일이다. 효율성 면에서도 정부가 한꺼번에 하는 게 개별 기업이 하는 것보다 좋다.

필자는 어느 간담회에서 산업계 인사로부터 "중소기업에서 이건 대기업이나 지킬 수 있는 규제이고 이대로 하면 기업 문 닫아야 한다는 호소에 환경부 사무관은 뭐하러 그리 힘든 일을 하느냐, 이번 기회에 그만두는 게 좋지 않으냐"고 답변했다는 이야기를 들었다.

마치 최저임금의 데자뷰를 보는 것 같다. 최저임금이 급격하게 오르면서 사람들이 일자리를 잃었다. 대신 그 자리를 키오스크가 대체하고 있다. 이 또한 어렵다면 고령자로만 가게를 운영하기도 한다. 이번 기회에 최저임금 이상을 받을 수 있는 좋은 일자리로 옮기면 좋겠지만 현실에는 그런 일자리가 없다. 화학물질 관련 중소기업도 마찬가지다. 위험하고 힘든 사업을 접고 다른 사업을 할 수 있다면 좋겠지만 현실적으로 그게 어렵다. 그래서 위험하고 힘들지만 계속 사업을 하려는 마음을 정치권과 정부가 알아줘야 한다.

규제 체계
전면 개편해야 ____

지금의 화학물질 안전 규제는 공포와 불안 속에서 이상에 사로잡혀 우리가 만든 감당하기 어려운 괴물이 되었다. 현실과 거리가 멀 뿐 아니라 위해성 평가 등 이미 많은 부분은 제대로 작동하지도 않고 있다.

유럽식 규제는 우리나라에서 불가능하다. 일부 규제 시행 시기를 연장하는 등의 임시 대응으로는 아무런 효과를 거둘 수 없다. 원칙을 세우고 이에 맞춰서 화학물질 안전 관리 체계를 과감하게 수술하는 용기가 필요하다.

가장 중요한 원칙은 국민 건강이다. 국민 건강이 화학물질로 나빠지면 안 된다. 그렇다고 화학물질 없는 세상에서 살 수도 없다. 우리가 지향해야 할 현실적, 과학적 기준은 대부분 미국과 EU가 만들어놓았다. 일본의 기준도 좋은 참고가 된다. 우리도 선진국이니 독자적으로 해야 한다는 이상론은 위험하다. 능력이 부족하다. 사실 미국과 EU 정도만 과학적 평가를 독자적으로 할 능력이 있다. 과학 강국이라는 일본도 독자적으로 하기에는 한계가 있다. 그래서 미국과 EU 기준을 참고하는 게 현실이다.

우리가 독자적으로 못한다고 자책할 필요는 없다. 국가마다 잘하는 게 있다. 메모리 반도체 세계 최고인 삼성전자도 EUV와 같은 생산 장비는 해외에 의존한다. 선진국 위해성 평가 결과를 해석하고 이를 우리 상황에 반영할 수 있는 역량을 갖추면 된다.

사실 독자적 평가 역량을 갖추는 것보다 훨씬 더 중요한 일이 있다. 가습기 살균제는 우리나라에서만 사용하던 제품이다. 만일 위해성에 대한 기본 지식이 있고 해외 모니터링만 제대로 했으면 이 제품의 위험성을 충분히 사전에 예측할 수 있었다. 필자가 원장으로 있던 식품안전정보원은 이런 일을 하는 곳이다. 많은 위해 요인을 우리가 다 찾을 수는 없다. 그럴 때 중요한 게 미국이나 유럽 등 해외 동향이다. 빨리 파악하고 대응 방안을 마련하는 게 혼자 끌고 앉아서 끙끙거리는 것보다 훨씬 효율적이다.

둘째, 환경 보호는 산업 경쟁력과 균형을 잡아야 한다. 미래 세대를 위해 환경 보호가 중요하다. 하지만 그것만 중요하지는 않다. 산업 경쟁력을 유지해서 먹고 살 수 있는 터전을 물려 줘야 한다. 제조업 강국인 우리 현실에서 소프트웨어나 서비스 산업 중심인 미국, 유럽처럼 안전한 일만 할 수는 없다. 이미 유럽도 화학물질 안전 규제를 할 때 산업 경쟁력을 기본 가치 중 하나로 꼽고 있다. 미·중 간 갈등이 격화되고 경제가 어려워지면서 미국과 유럽도 자국 내에 이제는 제조업 경쟁력 강화를 위해 노력하고 있다. 우리나라 경제는 어렵다. 이제는 현실을 봐야 한다.

셋째, 정부 조직 효율성을 높여야 한다. 효율성을 높인다는 의미는 단순히 비용 절감만을 의미하지는 않는다. 제한된 인력과 자원을 효율적으로 활용하면 더 높은 수준으로 국민 건강과 환경을 보호하고 산업 경쟁력을 높일 수 있다. 그러잖아도 전문인력의 역량과 절대 수가 미국이나 유럽과 비교해 많이 부족한 상황에서 정부 조직을 방만하게 운영하면 제대로 일을 할 수 없다. 결국 점점 더 무조건하지 말라는 식으로 규제를 강화할 수밖에 없다. 그런다고 국민 불안이 해소되는 것도 아니다. 오히려 불안과 불신은 점점 더 커져만 간다.

지금 정부의 조직과 인력을 통폐합하면 별도의 기관을 신설하거나 인력을 증원할 필요 없이 충분히 정책 목표를 달성할 수 있다. 이를 위해 환경부의 화평법과 화관법은 고용부로 이관하고, 화학제품안전법은 식약처로 이관해야 한다.

화평법과 화관법은 산업안전보건법과 역할과 전문성이 대부분 겹친다. 작업 현장 근로자의 위험을 판단할 수 있으면 사고가 나서 유해물질이 공장 밖으로 나갔을 때 지역 주민의 위험도 판단할 수 있다. 굳이 따로 할 이유가 없다. 환경부는 공장 밖의 강과 하천 상황은 잘 알지만 공장 안은 모른다. 산업안전을 맡는 고용부는 공장 안을 잘 안다. 유해물질 관리 기준도 비슷하다. 고용부는 환경만 생각하는 환경부와 달리 고용도 함께 생각하는 부처다. 고용과 안전 속에서 균형 잡힌 결정이 가능하다.

화학물질 분류 유형 비교

화학물질관리법(환경부)	산업안전보건법[129](고용노동부)
유독물질	관리대상 유해물질
허가물질	허가물질
금지물질	금지물질
제한물질	노출기준 설정물질
사고대비물질	허용기준설정물질
	작업환경 측정물질
	특수건강진단물질

실제 영국은 산업안전보건을 담당하는 기관이 EU 화학물질 안전 규제(REACH)도 담당하고 있다. 영국은 EU 회원국으로 REACH 규제를 준수해왔다. 브렉시트 후에는 UK REACH로 명칭을 변경해서 운영하고 있다.[130] 이 규제를 운영하는 기관은 보건안전청(Health and Safety Executive)이다. 우리의 고용부 산업안전보건공단에 해당하며 작업장 안전을 담당한다. 고용연금부(Department of Work and Pension) 소속이나 부처로부터 매우 독립적으로 운영되는 비부처 공공기관(Executive non-departmental public body, NDPB)이다.

선진국 정부 중에서 환경부가 생활화학제품을 담당하는 사례는 찾아보기 어렵다. 과학적 전문성이 식품이나 의약외품, 화장품과 같다. 생산, 유통 방식도 생활화학제품과 화장품은 별 차이가 없다. 문제가 있는 제품의 회수 절차도 다를 게 없다. 하천과 같은 자연환경을 전문으로 하는 환경부가 할 일이 아니다.

식약처는 이미 가습기 살균제와 같은 생활화학제품의 안전 관리에 필요한 전문성과 시스템을 가지고 있다. 환경부처럼 지금부터 기관을 신설하고 인력을 충원하고 회수 시스템을 구축하지 않아도 된다. 지금 환경부 인력만 이관받아도 충분히 생활화학제품을 관리할 수 있다.

화평법과 화관법의 규제 강도를 일본 수준으로 낮춰야 한다. 대신 관리의 사각지대가 생기지 않도록 그 부담을 정부가 져야 한다. 신규 화학물질 등록 기준을 현재의 0.1톤에서 1톤으로 낮춰야 한다. 기존 화학물질 등록은 정부가 책임져야 한다. 미국, 유럽, 일본의 안전 기준을 모니터링하면서 변경 사항이 나오면 우리 기준에 신속히 반영해야 한다. 이 과정에서 필요한 자료가 있으면 정부가 기업에 자료 제출을 강제하면 된다. 지금처럼 많은 자료 제출을 기업에 의무화하고 정작 그 자료를 제대로 활용조차 하지 못하는 상황은 누구에게도 도움이 안 된다.

PART 5

궁극의 혁명,
바이오헬스

미래는 바이오헬스 산업

바이오헬스
산업이란 _____

바이오헬스 산업은 우리의 생명과 직결되어 있다. 그렇다 보니 산업이라고 부르는 것이 적절한지부터 많은 논란이 있다. 이런 논란을 피하려고 의미는 같지만 어감은 다른 용어를 새롭게 만들어 사용하기도 한다. 한동안 원격 진료라는 용어가 많이 사용되었는데 의료 민영화 논란이 불거지면서 요즘에는 비대면 진료, 디지털 진료라는 용어의 사용 빈도가 늘어나고 있다.

우선 바이오헬스 산업의 정의를 알아보도록 하자. 보건복지부는 바이오헬스 산업을 "생명공학, 의·약학 지식에 기초하여 인체에 사용되는 제품을 생산하거나 서비스를 제공하는 산업으로 의약품, 의료 기기 등 제조업과 디지털 헬스케어 서비스 등 의료·건강관리 서비스업을 포함한다"고 정의하였다.[131]

유사한 용어로 보건의료 서비스가 있다. 보건의료 서비스는 "국민의 건강을 보호·증진하기 위하여 보건의료인(의사, 간호사는 물론 약사, 의료기사, 안경사, 응급구조사, 영양사 등)이 행하는 모든 활동"으로 정의된다. 따라서 의사가 진료하는 보건의료 서비스는 바이오헬스 산업에 포함된다. 산업표준분류에도 병원은 보건업의 한 종류로 명시되어 있다.

산업이라고 해서 낯설어할 필요는 없다. 산업은 "유사한 성질을 갖는 산업 활동에 주로 종사하는 생산 단위의 집합"으로 정의되고, 산업 활동은 "각 생산 단위가 노동, 자본, 원료 등 자원을 투입하여, 재화 또는 서비스를 생산 또는 제공하는 일련의 활동 과정"으로 정의된다. 정부가 직접 하지 않는 일은 모두 산업에 해당한다. 협동조합, 사회적 기업 모두 산업 활동을 한다.

바이오헬스 산업은 제품이나 서비스에 문제가 생기면 건강에 치명적인 영향을 줄 수 있으므로 금융과 함께 정부가 강하게 규제하는 대표적 산업이다. 그렇다 보니 규제 여부나 강도가 실제 산업 활동에 큰 영향을 미친다.

새로 개발한 제품이 의약품, 의료 기기에 해당하는지, 만일 허가를 받아야 한다면 어느 수준으로 허가를 받아야 하는지가 스타트업에게는 매우 중요하다. 만일 개발 제품이 마스크처럼 의약품이나 의료 기기가 아닌 의약외품으로 분류된다면 사업화가 매우 쉽다. 반면에 심전도 손목시계처럼 의료 기기에 해당하면 많은 규제의 산을 넘어야 한다.

서비스가 의료 행위에 해당하는지도 매우 중요하다. 외과 수술처럼 의사만 할 수 있는 경우는 별다른 논란이 없다. 반면 비만 관리를 하는 가정의학, 유전자 검사를 하는 진단검사의학처럼 의료인이 아니더라도 관련 지식과 기술을 가질 수 있는 분야는 해당 서비스가 의사 고유의 영역인지를 두고 논란이 계속된다. 이를 명확히 하기 위해 보건복지부가 「비의료 건강관리 서비스 가이드라인 및 사례집」을 발간하고 있지만 논란은 끊이지 않고 있다. 오히려 성형 정보를 제공하는 강남 언니처럼 플랫폼화가 진행되면서 논란이 더욱 커지는 추세다.

코로나19가
보여준 미래

코로나19는 바이오헬스 산업의 미래를 10년 정도 당겨놓았다. 지금 우리가 사용하는 백신은 모더나, 화이자, 아스트라제네카, 얀센으로 모두 4가지다. 이들 백신 개발에는 전례가 드문 혁신적인 기술이 사용되었다. 아스트라제네카와 얀센 백신에 사용된 바이러스 벡터 방식은 같은 기술을 사용해서 승인을 받은 제품이 에볼라 백신 하나일 정도로 첨단 기술이다. 모더나와 화이자 백신 개발에 사용된 mRNA 방식은 같은 기술을 사용해서 승인을 받은 제품이 없었다. 이번 백신이 처음이다.

백신은 개발을 시작한 후 접종까지 1년도 걸리지 않았다. 2020년 1월 코로나19가 전 세계로 확산되면서 본격적인 백신 개발이 시작되었다. 미국 정부는 같은 해 5월 워프 작전(operation warp speed)이라고 스타워즈 영화에서나 나올 듯한 국가 전략 프로젝트를 가동했다. 이후 화이자와 모더나 백신이 12월 미국과 영국에서 긴급 사용 승인을 받으면서 접종이 시작되었다. 통상 백신 개발에 5~10년이 걸리는 전례에 비춰볼 때 이는 개발 기간을 1/10 수준으로 줄인 것이다.

더 놀라운 일은 한 번도 백신 개발에 사용한 적이 없는 mRNA 기술이 가장 효과가 좋았다는 점이다. 예방 효과가 95% 수준으로 거의 통계 오류 수준에 근접했다. 일반적으로 백신은 70% 이상 효과가 있으면 승인을 받는다는 점에서 엄청난 기술적 진보를 가져왔다. 만일 코로나19가 글로벌 팬데믹으로 확대되지 않았더라면, 미국에서 큰 피해가 발생하지 않았더라면 백신 개발은 불가능했을 것이다.

mRNA 백신 상용화는 향후 의료 분야에 직간접적으로 매우 큰 영향을 끼칠 것으로 예상된다. mRNA 기술은 백신 개발에만 사용하지 않는다. mRNA 기술에 특화된 모더나의 포트폴리오를 보면 암 백신뿐만 아니라 세포 치료제, 재생 치료제까지 다양하다. 이들 제품은 유전자를 다루는 신기술이라는 이유로 그간 많은 우려가 제기되었다. 그런데 mRNA 백신이 개발되고 거대한 임상시험이 진행되면서 효과를 확인했다. 유전자변형식품처럼 신기술은 사람들이 처음 어떤 이미지를 갖는지가 매우 중요하다. 백신은 mRNA 기술에 대한 매우 긍정적인 이미지를 각인시켰다. 재생의료 분야에서 보면 수십 년에 걸쳐 쌓아야 할 신뢰도를 단번에 쌓는 결과를 가져왔다.

코로나19의 확산을 막기 위한 가장 좋은 수단으로 사회적 거리두기가 권장되면서 환자가 병원에 가는 것이 어려워졌다. 그 대안으로 나온 것이 원격 의료다. 직접 의사를 만나지 않고 온라인에서 상담하고 처방을 받는다. 코로나19 때문에 갑자기 나온 것은 아니다. 원격 의료는 이미 꽤 오래전부터 시작되었다. 하지만 의사단체의 반대로 차일피일 미뤄졌다. 미국이나 중국도 원격 의료를 시작했지만 성장은 점진적으로 진행되고 있었다.

코로나19는 이런 흐름을 바꿔놓았다. 정부는 2020년 12월 비대면 진료 허용을 시작했다. 당초 강하게 반대하던 의사단체도 이제 전향적으로 검토해볼 때라고 입장을 바꿨다. 우리나라에서 원격 의료가 전면 시행되는 것은 아니지만 일단 물꼬는 터졌다.

미국과 중국의 원격 의료는 본격적인 성장 궤도에 접어들었다. 가장 빠르게 성장하는 기업은 미국의 텔레닥과 중국의 핑안헬스케어다. 우리나라에 비해 국토 면적이 넓고 의료 인프라가 취약하다 보니 그만큼 원격 의료가 빠르게 증가하고 있다. 특히 관심을 끄는 것은 실제 활용 건수다. 텔레닥의 경우 맴버십 가입 속도보다 진료 횟수가 훨씬 더 빠르게 증가하고 있다.

의사 진료만 원격으로 진행되는 것은 아니다. 미국의 대표적 온라인 쇼핑 기업인 아마존은 45개 주에서 의약품 배달 서비스를 출범했다. 일반의약품은 물론 의사 처방을 받은 의약품까지 최대 80% 할인 가격에 구매할 수 있다. 의약품에 대해 궁금하면 온라인으로 아마존 약사에게 물어볼 수도 있다. 의료 혁명이 시작되었다.

전 세계적
고령화 추세 ————

우리 사회의 고령화가 심각한 국면으로 접어들고 있다. 2000년 65세 이상의 고령 인구가 전체의 7% 이상인 고령화 사회에 진입한 이후 2018년에는 고령 인구의 비중이 16%를 초과하는 고령 사회로 진입했다. OECD 최저 출산율(0.84명)의 여파로 2026년에는 고령 인구의 비중이 20%를 넘는 초고령 사회로 진입할 것으로 예상하고 있다.[132]

고령화는 전 세계적인 현상이다. 2000년 6.8%이던 전 세계 고령 인구의 비중은 2020년에는 9.3명으로 늘었다.[133] 일본은 2020년 28%로 이미 우리의 두 배 수준이고 미국도 17%로 지속적인 증가세를 보이고 있다. 유럽연합은 2020년 고령 인구의 비중이 20%를 넘는 초고령 사회로 진입했다.[134] 가장 인구가 많은 중국의 고령화도 만만치 않다. 지금은 13% 수준이지만 2035년에는 22.3%로 초고령 사회가 될 것으로 예상된다.[135]

초고령 사회에서 바이오헬스는 성장할 수 있는 대표적 산업이다. 65세를 넘어서면 일상 소비는 줄어들고 의료비 지출은 늘어난다. 65세가 되면 일을 해서 돈을 벌기 어려워진다. 그렇다고 공격적으로 투자를 할 수도 없다. 노동 소득이 없기에 투자하면서 한 번 큰 손실을 보면 다시는 회복하기 어렵다. 그간 모아놓은 자산을 활용해서 여생을 살아야 한다. 자연스레 일상적인 소비를 줄일 수밖에 없다.

그럼에도 의료비 지출은 점점 더 늘어난다. 나이가 들수록 아픈 곳이 많아진다. 상시 복용하는 약의 숫자가 늘어나고 병원 가는 빈도도 잦아진다. 물론 의료비를 개인이 모두 부담하는 것은 아니다. 주로 건강보험에서 지급한다. 여하튼 의료비의 총액 자체는 고령화가 진행될수록 늘어날 수밖에 없다.

신의료 기술을 가로막는 평가 제도

정체되는
우리 의료 기술

의약품과 의료 기기가 식약처의 허가를 받았다고 바로 의료 현장에서 의사가 사용할 수 있는 것은 아니다. 한국보건의료연구원의 신의료기술평가와 건강보험심사평가원의 등재 심사를 모두 통과한 경우에만 의사가 사용할 수 있다. 이중 스타트업에 큰 부담이 되는 절차는 신의료기술평가다.

신의료기술평가는 의약품이나 의료 기기를 활용한 연구 결과를 발표한 논문을 보고 하는 평가한다. 특정 연구 결과에 편향되지 않도록 체계적 문헌 고찰이란 방법을 쓰는데 이 기준을 충족하려면 여러 편의 논문이 필요하다. 신의료기술평가에 필요한 논문 생산을 위해 필요한 연구비는 스타트업이 부담해야 한다.

신의료기술평가가 스타트업에 얼마나 부담이 되는지 역대 기관별 신청 비중 추이를 보면 알 수 있다. 2007년 제도 도입 초기에는 의료기관의 신청 건수가 많았다. 2012년을 지나면서 는 의료 기기 스타트업과 같은 비의료기관의 비중이 높아지고 있다. 의료기관 입장에서는 환자의 치료를 위해 하는 것이지 특별한 경제적 인센티브는 없다. 그렇다 보니 초기에 높은 관심은 점점 더 사그라지고 있다. 스타트업은 평가를 받지 못하면 판매를 하지 못한다. 그래서 통과가 어려워도 계속할 수밖에 없다.

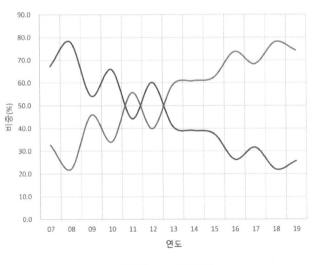

의료기관과 비의료기관의 신청 비중 비교

스타트업에게는 말 그대로 죽음의 계곡이다. 의료 기기 스타트업이 제품을 개발할 때 제일 먼저 확인해야 할 것은 기존 의료 기술에 해당하는지다. 신의료 기술에 해당하면 우리나라에서는 될 수 있으면 하지 말아야 한다. 대부분의 스타트업은 신의료기술평가 준비에 필요한 많은 자금을 감당하기 어렵기 때문이다. 그래도 하고 싶으면 국내 시장을 포기하고 외국으로 나가야 한다. 물론 이 또한 쉬운 일은 아니다. 대부분의 나라에서는 자국에서도 사용하지 못하는 의료 기기를 수입하려고 하지 않는다.

우리나라는 식약처의 제품 승인을 받았음에도 의료기술평가를 통과하지 못하면 의료 현장에서 사용할 수 없다. 전 세계에서 유일하다. 우리나라는 건강보험에 등재된 의료 행위만 할 수 있다. 그렇지 않으면 하는 것 자체가 불법이다. 의사와 환자가 합의하고 환자가 100% 비용을 지불한다고 할 수 있는 게 아니다.

미국, 일본, 독일 모두 신의료기술평가를 운영하고 있다. 그렇다고 우리처럼 평가를 받지 않은 의료 행위를 금지하지는 않는다. 의사와 환자가 원하면 할 수 있다. 미국과 독일은 공공보험 대신 민간보험에 가입할 수 있는 나라다. 이들 정부의 신의료기술평가 결과는 민간보험에 직접적인 영향을 미치지 않는다. 일본은 선진의료평가를 하고 있는데 의료기관이 원하면 비급여를 조건으로 실시할 수 있다. 또한 과거 우리나라처럼 의사와 환자가 원하면 정부의 통제를 받지 않고 할 수 있는 자유 진료를 여전히 허용하고 있다.

신의료기술평가의 피해자는 스타트업만이 아니다. 환자와 의사도 피해자다. 환자는 제대로 치료를 받지 못하고 있고 의사도 혁신적 시도를 주저하고 있다. 면역 항암제라고 의사가 필요하면 언제나 쓸 수 있는 게 아니다.[136] 신의료기술평가를 통과한 증상에만 사용할 수 있다. 효과가 있는 다른 치료 영역이 나오면 별도로 신의료기술평가를 받아야 한다. 불합리하다는 지적이 나오자 정부는 병원 내 심사 절차를 만들었다. 심사를 통과했다고 무조건 되는 것도 아니다. 나중에 건강보험심사평가원에서 다시 적정성을 따진다. 그러다 보니 의사들은 처방해달라는 아픈 환자의 요청에 일본 원정 진료를 권유하고 있다.

고려대 김영훈 교수는 5년 전 언론에서 "7, 8년 전만 해도 일본과 중국에서 우리나라의 부정맥 관련 의료 기술을 배우기 위해 찾아오곤 했지만, 지금은 아무도 오지 않는다. 그들은 새로운 기술을 받아들이고 발전시키는데 우리는 어느 순간 멈춰져 있다"라고 했다.[137] 신의료기술평가가 의사의 도전을 막고 있다.

혼란만 초래한
개혁 시도

  신의료기술평가가 스타트업에 큰 부담이 되는 만큼 지난 정부는 물론 현 정부도 개혁을 시도했다. 2014년 국가과학기술자문회의는 신의료기술평가로 인해 식약처 허가를 받은 제품이 판매되지 못하는 모순이 발생하고 있으니 사후 규제로 전환하자는 의견을 제시했다. 하지만 정부의 조치는 본래 취지와 다르게 평가 기간을 단축하는 방향으로 진행되었다.

  2014년 7월 보건복지부는 식약처의 품목 허가를 받지 않은 의료 기기도 신의료기술평가를 신청하도록 관련 규정을 개정했다. 이런 조치에도 별다른 개선 효과가 보이지 않자 2016년 5월에는 식약처 품목 허가와 보건의료연구원의 신의료기술평가를 통합 심사하겠다는 계획을 발표했다. 이를 통해 의료 기기의 시장 진입이 3~9개월 단축될 것이라고 했다. 그러나 이 역시 별다른 성과를 거두지 못하자 2020년에는 통합 심사와 일반 절차를 완전히 합치겠다고 발표했다. 사전 규제라는 근본 원인은 그대로 둔 채 절차만 합친다고 달라질 리 만무하다.

  2018년에는 연구 문헌 부족으로 신의료기술평가에 탈락해서 혁신 기술이 사장되는 것을 막겠다고 혁신의료기술평가 제도를 신설했다. 유효성이 부족하더라도 안전성만 입증되면 잠재적 가치를 보고 허용하겠다고 했다. 현장은 오히려 더 이상

해졌다. 혁신의료 기술과 신의료 기술 중 무엇이 더 좋은지를 두고 혼란이 발생했다. 아무래도 '신'보다는 '혁신'이 좀 더 강한 인상을 주었고 그래서 신의료 기술 대신 혁신의료 기술을 신청하는 기업까지 생겼다.

혁신의료 기술은 기존에 운영하던 제한적 의료 기술 제도와도 충돌하고 있다. 혁신의료 기술을 신설하기 전부터 문헌 부족으로 좋은 기술이 사장되는 것을 막겠다고 제한적 의료 기술 제도를 운영해왔다. 제한적 의료 기술과 혁신의료 기술은 안전성이 확보되었다는 점에서는 동일하다. 다만 제한적 의료 기술은 시급성, 혁신의료 기술은 잠재성을 고려한다는 차이가 있다. 단어는 시급성, 잠재성으로 다르지만 현실세계에는 큰 차이가 없다. 잠재성이 있다는 건 환자에 큰 도움이 된다는 의미이고 그렇다면 시급하게 사용해야 한다.

믿기 어려운
평가 결과

정작 신의료기술평가의 신뢰도는 상당히 낮다. 장정숙 의원에 따르면 제도 도입 후 2019년까지 신의료 기술로 인정받은 기술 총 204건 중 37%가 근거가 부족한 최하위 D등급을 받았다고 한다.[138] 여기에는 경혈 두드리기(감정자유기법)가 포함되어 있고 이 안건으로 인해 대한의사협회는 보건의료연구원이 한국 의료의 위상을 추락시켰다는 비판 성명을 발표했다.

신의료기술평가는 신의료기술평가위원회와 함께 분야별 전문평가위원회에서 실시하고 있다. 그런데 누가 이들 위원회에 참여하는지 정부는 공개하지 않고 있다. 의약품 평가를 하는 식약처 중앙약사심의위원회가 참석 위원 명단은 물론 참석자 각자의 발언까지 요약한 회의록을 공개하는 것과 대비된다. 누가 하는지, 무슨 논의가 있었는지도 모르는 상황에서 심의 결과만 나오는 평가는 신뢰하기 어렵다.

신의료기술평가의 신뢰성은 제도 도입 초기부터 논란이 많았다. 우리나라에서 처음 심장 이식에 성공한 송명근 교수는 카바 수술(종합적 대동맥 근부 및 판막 성형술, CARVAR)을 개발했다. 그런데 2007년 송 교수가 신의료기술평가를 신청하면서 논란이 시작되었다. 본래 신청 대상이 아니었는데 인정받고 싶은 마음에 신청했다. 당시 안전성·유효성을 입증하기에는 근거가 충분하지 않다는 결론에 도달했고 흉부외과학회 등의 반대에 부딪혀 최종적으로 수술이 금지되는 결정이 나왔다.

심장 수술을 두고 안전성을 따지는 것 자체가 모순적이다. 100% 안전한 심장 수술이 있을 수 있나? 가장 안전한 의약품 중 하나인 아스피린도 사용설명서를 보면 위험 경고 메시지가 적혀 있다. 병원 가서 하는 CT나 MRI 검사도 위험하다. 그래서 검사 전 환자는 동의서에 서명한다. 거기에는 조영제 과민 반응으로 쇼크 상태에 빠질 수 있다는 문구가 있다. 실제 검사하다가 쇼크로 사망하는 사례도 나온다.

　상대적인 안전성은 따질 수 있다. 척추가 아플 때 수술을 하는 것보다 약물을 쓰는 게 덜 위험하다. 물론 효과도 제한적이다. 그래서 많이 아프면 결국 위험을 무릅쓰고 수술을 한다. 수술 결과가 좋아서 잘했다고 하는 예도 있지만, 그냥 참을 걸 괜히 수술해서 더 안 좋아졌다고 하기도 한다.

3

블랙홀이 된 기관 검토 제도(IRB)

혁신을 가로막는
IRB _____

인간 대상 연구는 복지부 소관 생명윤리법에 따라 기관생명윤리위원회의 사전 심의를 받아야 한다. 다만 시판을 목적으로 하는 의약품과 의료 기기 관련 임상시험은 식약처 소관 약사법과 의료기기법에 따라 설치된 임상시험위원회의 심의를 받도록 하고 있다. 이러한 기능을 하는 위원회를 국제적으로는 IRB(Institutional Review Board, 기관검토위원회)라고 부른다. 기관생명윤리위원회는 종합병원, 대학 등에서 자체적으로 운영한다. 위원회가 설치되지 않는 기관 소속의 연구자는 국가생명윤리정책원이 운영하는 공용기관생명윤리위원회에서 IRB를 받을 수 있다.

IRB는 바이오헬스 혁신을 가로막는 대표적 규제 장벽이다. 그 위력을 여실히 보여준 대표적 사례가 바로 규제 샌드박스 실증특례를 받은 소비자 직접의뢰(DTC) 유전자 검사 서비스다. 4개 스타트업은 보건복지부에서 질병 관련 유전자 검사 서비스 허용에 소극적이자 산업부에 규제 샌드박스를 신청해서 서비스에 질병 항목을 추가하는 실증특례를 받았다. 그런데 복지부 소관 공용 IRB가 질병 항목을 뺄 것을 요구했다. 결국 일부 스타트업은 줄어든 항목으로 사업을 시작했고 나머지 스타트업은 실증특례 사업을 사실상 포기했다.

그간 유전자 치료를 포함한 재생의료는 생명 윤리를 지켜야 한다는 주장 속에서 매우 제한적으로 허용되었다. 2014년 7월 국가과학기술자문회의는 복지부와 식약처의 규정이 다르고 연구 대상 질환도 매우 제한적이므로 제도 개선을 해야 한다는 제안을 했다. 이후 생명윤리법 개정까지 진행되었지만, 문구 조정에 그치고 실질적인 변화를 끌어내지는 못했다.

2015년 발의된 첨단재생바이오 법안이 2019년 국회를 통과하면서 재생의료 분야에서 혁신의 발판이 마련되었다. 특히 생명윤리법에 따라 운영되던 IRB를 첨단재생의료심의위원회란 별도의 기구에서 담당하게 되면서 그간 생명 윤리 문제로 진행이 어려웠던 재생의료 관련 연구가 탄력을 받을 수 있는 분위기가 형성되었다.

그렇다고 IRB 제도 전반의 개선을 기대하기는 어렵다. 재생

의료 IRB만 별도로 운영되면서 혁신의 계기가 마련되었을 뿐이다. 이 또한 어떤 변화를 가져올지 지켜봐야 한다. 대부분 바이오헬스 연구는 여전히 기존 IRB 제도에 따라 심의를 받아야한다.

낮은
신뢰도 ──────

바이오헬스 연구에 큰 영향을 미치는 복지부 IRB의 주요 문제점을 정리하면 다음과 같다.

첫째, IRB 심의할 때 윤리뿐만 아니라 연구 설계까지 검토한다. 그렇다 보니 윤리와 무관하게 연구 설계가 잘 되어있는지를 두고 연구자와 IRB 심의위원 사이에 의견이 갈리곤 한다. IRB 심의를 통과하지 못하면 연구 자체를 할 수 없으니 연구자는 연구 설계를 변경할 수밖에 없다.

제품 인허가를 목적으로 하는 식약처 IRB는 연구 설계를 검토할 필요가 있다. 윤리적으로 문제가 없어도 설계가 잘못되면 나중에 나온 연구 결과를 인허가 심사에 쓸 수 없기 때문이다. 학술적 성격이 강한 복지부 IRB는 식약처 IRB와 다르다. 다양한 아이디어를 확인하는 것이 목적이므로 연구자의 창의성을 최대한 존중해줘야 한다.

둘째, IRB 심의 전문성과 일관성이 떨어진다. 인간 대상 연구는 주제가 다양하다. 심의를 제대로 하려면 다양한 전문가 풀이 구축되어 있어야 한다. 심의위원이 상당히 많은 시간을 심의에 할애할 수 있어야 한다. 그런데 규모가 작은 기관의 IRB일수록 전문성과 숙련도를 높이는 일은 현실적으로 상당히 어렵다. 그렇다 보니 비슷한 연구 내용을 두고 기관별로 심의 결과가 달라지는 경우까지 발생한다.

이러한 문제를 해소하겠다는 취지로 운영하는 공용 IRB도 신뢰도는 그리 높지 않다. 특히 회의록은 물론 심의위원 명단조차 공개하지 않을 정도로 운영이 투명하지 못하다. 연구 현장에서는 연구 내용을 모르면서 무리하게 심의하고 제대로 설명할 기회가 부족하며 재심의 절차가 형식적으로 운영된다는 지적이 나오고 있다.

공용 IRB의 가장 큰 문제는 권한 남용이다. 앞서 언급한 DTC 유전자검사서비스의 경우 실증특례 승인을 받았지만, 질병 항목은 허용할 수 없다는 이유로 사업 범위가 축소되거나 중단되었다. 질병 항목을 넣어서 사업을 하는 게 비윤리적인가?

전혀 그렇지 않다. 비슷한 내용의 시범사업을 복지부에서 하고 있다. 이런 현상이 발생하는 이유는 의료계가 병원 이외의 기관에서 질병 항목에 대한 검사 서비스를 하는 것을 반대하기 때문이다. 공용 IRB에는 의료계와 시민단체가 다수 포진되어 있다.

모호한
심의 기준 _____

공용 IRB 표준운영지침서에 나온 심의 기준을 보면 주관적인 심의 결과가 나올 수밖에 없다. 기본 원칙을 보면 연구 대상자의 인권과 복지를 우선 고려해야 한다고 되어 있다. 인권은 권리로 이해할 수 있는데 복지는 어떻게 해석해야 할지 의문이다. 연구 대상자의 경제적 상황이 어려우면 그런 부분을 고려해야 한다고 해석할 수도 있다. 생명 윤리와 안전 확보를 위해 필요한 국제 협력을 모색해야 하고 보편적 국제 기준 수용을 위해 노력해야 한다는 문구도 이해하기 어렵다. 연구자나 평가자가 시험을 기획하거나 IRB 평가를 할 때 국제 협력이나 국제 기준까지 고려하라는 것은 무리다.

미국 IRB 규정을 보면 목적이 명확하게 나와 있다. 핵심은 위험 최소화와 기본적 권리 보장이다. 연구 참여자에게 발생할 수 있는 위험을 최소화하는 것이 중요하다. 개인정보는 보호되어야 하고 필요한 사항은 모두 공지한 후 서면으로 동의를 받아야 한다. 중간에 실험 설계가 바뀌면서 연구 참여자가 참여 의사를 변경할 수 있는 경우에는 IRB 재심의를 받도록 하고 있다.

선진국 대비 우리나라 IRB의 가장 큰 특징은 생명 윤리와 통합해서 IRB를 운영한다는 점이다. 우리는 생명윤리법에 따라

배아줄기세포와 같은 윤리적 이슈와 함께 IRB를 운영한다. IRB의 명칭도 생명윤리위원회다. 반면 미국, 독일, 일본은 생명 윤리와 IRB를 구분해서 운영한다.

미국은 대통령 자문 기구로 생명윤리위원회를 운영하다가 2016년 종료되었다. IRB는 보건부가 정부를 대표해서 제도를 운영하고 있다. 일본은 우리의 국가과학기술자문회의에 해당하는 내각부 종합과학기술혁신회의 산하 분과위원회에서 생명 윤리 이슈를 검토한다. IRB는 문부과학성, 경제산업성, 후생노동성이 공동으로 운영하고 있다.

독일에는 독립 기구인 윤리위원회가 있다. 이 위원회는 사회적 공론화가 필요한 사실상 모든 주제를 다룬다. 여기에는 생명 윤리는 물론 원자력 발전, 심지어 법이 사회에 미치는 영향까지 포함된다. 현 정부 초기 원자력 발전 공론화위원회가 윤리위원회를 벤치마킹한 사례다. 독일에서는 연구의 자유를 매우 중시한다.[139] 그렇다고 IRB가 없는 것은 아니다. 바이오헬스 분야 IRB는 식약처 IRB처럼 제약법 및 의료기기법에 따라 규제를 받고 있다.

우리나라는 생명 윤리를 과학과 윤리의 대결 구도로 보는 경향이 매우 강하다. 국가생명윤리위원회 홈페이지를 보면 과학계 7명, 윤리계 7명으로 구성되어 있다고 소개하고 있다. 독일이나 일본은 주로 과학계로 구성되어 있고 어떤 진영을 대표하지 않는다. 이런 배경에서 우리나라도 지금처럼 국가생명윤리위원회가 규제의 컨트롤 타워 역할을 하기보다 선진국처럼 생명 윤리에 대한 사회적 공론화를 담당하는 기능을 해야 한다는 주장이 학계에서 제기되고 있다.

4

포퓰리즘에 멍드는 의료 정책

혁신을 포기한
의료 정책

우리나라 의료 정책은 국민 의료비 부담 감소에 초점이 맞춰져 있다. 병원비 부담을 줄인다는 취지 자체에는 누구나 공감한다. 문제는 병원비 절감에만 모든 초점이 맞춰져 있다는 점이다. 비용 부담을 낮추려면 건강보험 지급 대상을 늘려야 한다. 당연히 건강보험 재정 부담이 늘어난다. 이렇게 늘어난 부담을 해결하려면 보험료를 올리거나 병·의원에 지급하는 급여비를 줄여야 한다.

문재인 정부는 2017년 62.7%이던 보장률을 2022년 70%까지 높이는 정책을 추진 중이다. 정부는 재정에 문제가 없다고 주장하지만, 전문가들은 고령화에 따른 의료비 증가로 적자가 예상된 건강보험의 재정을 더 빠르게 악화시키고 있다고 우려한다.

보장률 확대는 대선 단골 공약이었다. 2013년 대통령 공약을 보면 박근혜, 문재인, 안철수 후보 모두 보장률을 80%까지 높이겠다고 했다. 다만 시행에서는 큰 차이가 있었다. 박근혜 정부는 건보 재정을 걱정해서 적극적으로 공약을 추진하지 않았다. 반면 문재인 정부는 최저임금 인상처럼 정책 리스크를 고려하지 않고 일단 밀어붙였다.

혁신이 일어나려면 어느 정도 여유가 있어야 한다. 시간이나 금전적으로 여유가 있을 때 새로운 시도를 하게 되고 그중 성공한 사례가 나오면 혁신으로 이어진다.

지금 우리나라 의료 시스템은 보장률 확대에만 모든 역량을 집중하고 있다. 의료 현장에서 새로운 시도는 고사하고 필요한 진료에도 병·의원에 급여가 지급되지 않는 경우가 발생하고 있다. 이런 상황에서 혁신은 일어날 수 없다. 10여 년 전 우리나라에서는 고가의 의료 장비를 많이 사용하는 것으로 유명했다. 이후 비용 절감을 위해 신의료기술평가가 강화되었고 그 결과 미국 병원에서 쓰는 장비조차 우리나라에서는 사용할 수 없는 상황이 발생하게 되었다. 새로운 장비를 쓸 수 없으니 이제 의사는 새로운 시도를 하고 데이터를 내놓을 수 없다.

경영이 어려운
의료계 ───────

우리나라는 유독 민간 의료기관에 대한 의존도가 높은 나라다. 병원 수를 기준으로 94.5%가 민간의료기관이고 공공의료기관은 5.5%에 불과하다. 이는 OECD 평균인 52.4%의 1/10 수준이다. 의료비가 비싸기로 유명한 미국도 우리의 5배에 가까운 공공의료기관 의존도(24.8%)를 보인다.

민간의료기관 비중이 높은데 어떻게 지금과 같은 저비용의 의료 서비스를 누릴 수 있을까?

우리나라에서 건강보험 가입은 의무다. 민간보험에 가입한다고 건강보험 가입을 거부할 수 없다. 공공보험이 강하기로 유명한 독일조차 민간보험에 가입하면 공공보험에 가입하지 않아도 된다는 점에 비춰볼 때 우리 의료 서비스의 공공성이 얼마나 강한지 가늠해볼 수 있다.

우리나라에서 영리병원은 사실상 금지되어 있다. 외국인을 대상으로 제주도 영리병원 개원 시도가 있었지만 2019년 무산되었고 복지부는 더는 허가를 내주지 않겠다는 입장이다. 그렇다고 기존 병원들이 비영리로 운영된다고 할 수는 없다.

민간병원의 경영은 매우 어려운 일이다. 병원 경영이 어려워진다고 누가 도와주지 않는다. 그렇다고 대놓고 영리를 추구할 수도 없다. 건강보험심사평가원에서는 기준에 맞지 않는 의료 서비스에는 급여 비용을 지급하지 않는다.

2019년 기준 23개 사립대 병원 중 6개 병원은 적자다.[140] 중소병원의 경영은 더 어렵다. 수도권의 A 종합병원은 10여 년 만에 처음 적자로 돌아섰다.[141] 인건비 상승과 함께 대학병원의 환자 쏠림 현상이 가중되면서 더욱 사정이 나빠졌다. 개인이 운영하는 의원의 경영 상황은 바닥 밑에 지하실을 확인할 정도로 열악하다.

"1차 의료(의원급) 고사 위기", 16년 전인 2003년 신문 기사 제목이다. 이런 상황은 전혀 나아지지 않고 있다. 의료기관의 경영 악화는 의료 현장을 왜곡시키고 있다. 전공의 지원은 정재영(정형외과, 재활의학과, 영상의학과), 피성안(피부과, 성형외과, 안과)에 편중되어 있다. 정작 중요한 외과는 외면을 받는다.

이런 상황에서 의사와 환자의 신뢰 관계는 점점 더 악화하고 있다. 의사 대신 다른 사람이 하는 대리 수술은 환자의 신뢰를 떨어뜨릴 뿐만 아니라 의료 사고로까지 이어지고 있다. 국민 80% 이상이 수술실 CCTV 설치 의무화에 찬성하고 있다.[142] 정작 전공의는 70% 이상이 반대하고 있다.[143] 환자는 영리만 생각하는 의사를 믿을 수 없고 전공의는 수술실에 CCTV를 설치하면 책임 논란을 우려해서 위험한 수술을 꺼릴 뿐만 아니라 수련 기회가 부족해져 의료의 질은 더욱 나빠질 것이라고 주장한다. 결국 수술실 CCTV 설치를 의무화하는 법은 결국 국회를 통과했다.[144]

혁신을
기피하는 의사 _____

기초의학과 바이오헬스 산업을 육성하기 위해 정부는 의과학자 양성 사업을 추진해왔다. 이번 코로나19 사태로 감염병 대응 역량 강화 필요성이 제기되면서 정부는 의대 정원을 늘려 의과학자는 물론 지역 의사와 역학조사관을 확보하겠다는 정책을 발표했다. 이에 대해 의료계는 의대생 대부분이 임상 의사의 길을 택하고 있는 상황에서 정원을 늘린다고 의과학자가 늘지는 않는다면서 정책의 실효성이 떨어진다고 비판했다.

의사가 임상 대신 의과학자를 선택하는 이유는 둘 중 하나다. 학문에 대한 순수할 열정을 가지고 과학적 탐구를 하겠다는 생각이거나 좋은 기술을 개발해서 기술 이전을 하거나 직접 스타트업 창업을 해보겠다는 생각이다. 우리 현실은 이러한 의과학자의 꿈을 뒷받침해주기 어려운 상황이다.

의과학자는 다른 임상 의사처럼 병원에 수익을 가져다주지 못한다. 병원 경영에 여유가 있다면 의과학 발전을 위하는 차원에서 지원하겠지만 현실은 이와 거리가 있다. 일부 대학병원은 흑자 경영을 하고 있지만 그리 여유롭지 않다. 상당수 병원은 적자를 보고 있다. 이런 상황에서 병원이 의과학자를 후원하기는 쉽지 않다.

그렇다고 기술 이전이나 창업이 쉬운 것도 아니다. 무엇보다

강고한 바이오헬스 분야 규제가 있다. 원격 의료나 신의료기술 평가 규제에 막혀서 외국에서는 쉽게 출시할 수 있는 제품과 서비스 제공이 우리나라에서 무척 어렵다.

병원 간의 진료 정보 공유는 정부의 지속적 노력에도 불구하고 속도를 내지 못하고 있다. 의료 정보 시스템을 도입한 병원이 2020년 기준 18.7%에 불과하다. 종합병원도 전국의 45개 상급 종합병원을 제외하면 40% 정도만 시스템을 도입하고 있다. 그렇다고 상급 종합병원 간 의료 정보 교환이 원활한 것도 아니다. 여전히 의료 영상 정보는 돈을 내고 CD로 받아야 한다.

원격 의료에 대한 의사의 거부감은 코로나19로 인해 비대면 진료를 하게 되면서 많이 줄어들었다. 그렇다고 코로나19 이후에도 지속될 수 있을지는 불확실하다. 비대면 진료 규정은 '한시적'이란 조건이 달린 채 의료법이 아닌 감염병예방법에 포함되어 있다. 다행히 비대면 진료가 허용되면 종합병원으로 환자가 몰릴 것이라는 우려와 달리 동네 의원의 수요가 상당히 늘어났다.[145] 앞으로 논의가 긍정적으로 진행될 가능성이 있다.

보장과 혁신 균형을 잡아야

명분보다

실리 ____

　바이오헬스 산업은 혁신적 전환기를 맞이하고 있다. 4차 산업혁명의 핵심은 클라우드, 빅데이터, AI로 구성된 디지털 혁신이다. 여기에는 원격 의료와 같이 디지털 기술이 서비스의 일부인 경우도 있고, 유전자 치료처럼 디지털 기술이 유전자 분석의 속도와 품질을 높이는 경우도 있다. 이것으로 끝이 아니다. 디지털 전환으로 기계에 대한 의존도가 높아지면 최종적으로 남는 것은 사람의 건강과 수명이다. 마침 전 세계가 고령화되고 있다. 디지털 혁명이 정점을 찍을 때 바이오헬스는 본격화될 것으로 보인다. 이번에 성공한 mRNA 백신은 그런 혁명의 작은 시작일 뿐이다.

그간 우리나라는 바이오헬스 분야에 많은 투자를 했다. 그 결과 우수한 인력이 육성되었고 화장품, 바이오시밀러 등 일부 산업에서는 국제적 경쟁력을 갖추고 있다. 하지만 아직 선진국과의 격차는 상당히 크다.

제약 산업의 경우 우리나라는 이스라엘, 대만과 함께 2그룹으로 분류가 된다.[*] 미국, 독일은 물론 호주, 이탈리아와 그룹이 다르다. 물론 이것도 과거 복제약 생산만 하던 시절에 비하면 괄목할만한 성장이다. 하지만 탄소국경세 등으로 인해 전통 산업이 위협받고 있는 상황에서 바이오헬스 산업이 지금보다 훨씬 더 큰 역할을 해줘야 한다.

고령화가 가속화되고 있다. 의료비 상승은 불가피하다. 기존 방식을 그대로 둔 상태에서 의료수가 지급 기준을 강화하는 방식으로는 건강보험 재정 악화를 늦추는 데 한계가 있다. 예전에는 나이가 들면 귀농하기도 했지만 요즘은 나이가 들수록 병원이 가까운 도시, 그것도 교통이 편한 지역에서 살아야 한다고 한다. 대도시 물가를 고려하면 쉽지 않은 선택이다.

---

[*] Biopharmaceutical Competitiveness & Investment(Pugatch Consilium, 2017)

바이오제약 그룹 1과 그룹 2 국가 간 경쟁력 비교

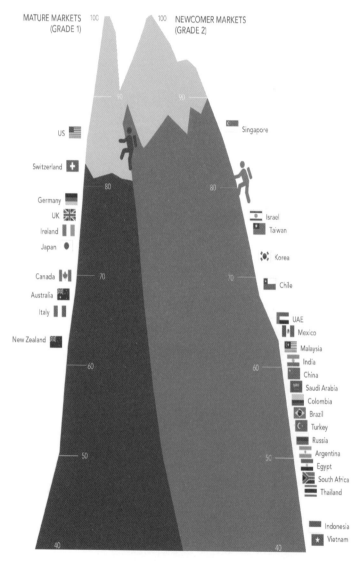

출처: Biopharmaceutical Competitiveness & Investment(Pugatch Consilium, 2017)

이런 문제를 획기적으로 개선할 방법이 바로 원격 의료다. 원격 의료를 하게 되면 만성 질환 때문에 병원에 자주 가지 않아도 된다. 모니터링을 통해 질병 상태도 더 쉽게 확인할 수 있다.

우리가 원하는 건강보험은 단순히 보장률만 높은 보험이 아니다. 발전하는 바이오헬스 기술을 활용해서 의료의 질을 더 높여야 한다. 박원순 전 서울시장은 쿠바를 우리 의료가 가야 할 방향이라고 했다. 만일 쿠바 의료 서비스의 질을 체험한다면 과연 우리 국민 중 몇이나 쿠바로 가자는데 동의를 할까? 질 낮은 의료 서비스를 모두가 공평하게 받기보다 서비스의 차이가 있더라도 국민이 누릴 수 있는 의료 서비스 질을 향상하는 것이 중요하다.

바이오헬스 산업의 혁신을 위해서는 위험 제로라는 허상을 버려야 한다. 코로나19 백신도 의약품이라 부작용이 발생하고 있다. 단순히 몸이 힘든 것을 넘어 사망하기도 한다. 그렇다면 이미 부작용이 확인되었는데 왜 각국 정부는 백신 접종을 추진하고 있을까? 부작용에 따른 피해보다 백신으로 집단 면역을 달성하면 얻을 건강상 이익, 경제·사회적 이익이 훨씬 크기 때문이다.

백신 접종의 가장 큰 어려움은 물량 확보와 함께 국민의 안전에 대한 불안감이다. 국민이 불안해한다고 정부가 동조하면 더 큰 혼란이 발생한다. 이를 상징적으로 보여주는 나라가 바로 일본이다. 일본은 노벨 생리의학상 수상자가 5명이나 될 정도로 의학에 강한 나라다. 일본은 1980년대 수두, 일본뇌염, 백일해 백신 기술을 미국에 제공했던 백신 강국이었다.[146) 그럼에도 백신 개발은커녕 접종률을 올리는 데 큰 어려움을 겪고 있다. 여기에는 두 개의 사건이 있다.

1992년 도쿄고등법원은 백신 부작용 피해를 호소한 160명에게 배상 명령을 내렸다. 여기에는 미국 등 다른 나라에서는 과학적 근거가 인정되지 않는 경우가 포함되었다. 당시 일본 정부는 피해자 구제의 길을 열어준 판결이라는 여론에 밀려 상고를 포기했다.

1996년 생산 관리 부실로 혈액 응고제에 에이즈 균이 들어가 400명 이상 사망하는 사건이 발생했다. 이로 인해 해당 제약사는 물론 후생노동성 담당 과장이 업무상 과실치사로 유죄 판결을 받았다. 이후 공무원들은 가급적 백신을 승인하려고 하지 않게 되었다. 이로 인해 인플루엔자 백신을 개발한 일본 회사가 10년 가까이 승인을 받지 못해 파산하기도 했다.

지금도 이런 풍조가 남아 있다. 미국, 유럽이 긴급 승인을 한 백신에 대해서 인종 차이로 인한 효과와 부작용을 확인한다며 추가 임상시험을 요구했다. 결국 사전 계약으로 물량을 충분히 확보했음에도 허가가 늦어져서 접종이 늦어진 상황이 발생했다.

신의료기술평가
사후 규제 전환해야

국가가 나서서 환자가 원하는 치료를 막을 권한은 없다. 개인의 행복추구권을 규정한 헌법 제10조는 국가는 개인이 가지는 불가침의 기본적 인권을 보장해야 한다고 명시하고 있다. 소위 국가권력의 간섭 없이 스스로 결정할 수 있는 권리, 자기결정권(自己決定權)이다. 이런 측면에서 지금처럼 환자가 원하고 의사가 활용할 의사가 있음에도 정부가 허용하지 않았다는 이유로 신의료 기술 사용을 막는 것은 위헌적이다.

진료의 안전성을 높이고 건강보험의 효율성을 향상하기 위해 신의료기술평가는 필요하다. 그런 차원에서 평가를 통과하지 않아도 치료를 하는 조치가 필요할 것으로 보인다. 환자가 불필요한 처방을 받지 않도록 사전에 정부에서 신의료 기술로 인정하지 않았다는 것을 서면으로 알려주면 된다. 이렇게 하면 환자의 의료 정보 부족으로 인한 과잉 진료를 예방하면서도 원하는 진료를 받을 수 있는 기본권을 보장하는 효과를 거둘 수 있다.

또한 신의료기술평가위원회의 투명성을 높여야 한다. 이를 위해 참여 위원들의 명단과 함께 회의록을 공개해야 한다. 정보를 공개한다고 기업 비밀을 침해하거나 사회적 혼란이 발생할 우려는 없다. 이미 식약처는 의약품, 의료 기기 심의 결과를 모두 공개하고 있다.

위험과 권리 중심으로
IRB 정비 ───────

　우리도 선진국처럼 생명 윤리와 IRB를 분리해서 운영할 필요가 있다. 생명 윤리는 말 그대로 윤리적 측면에서 바이오헬스 기술을 어느 수준까지 허용할 것인지에 초점을 두고 정책을 운용할 필요가 있다. 소수의 전문가나 시민단체 중심이 아니라 공론화 과정을 통해 우리가 받아들일 수 있는 수준에 대한 공감대를 형성해야 한다.

　IRB는 시험에 참여하는 사람들의 안전과 개인정보, 그 밖에 권리를 보호하는 차원에서 운영해야 한다. 이미 재생의료 IRB는 위험 정도에 따라 차등해서 운영할 계획이다. 이런 노력이 다른 연구 분야로도 확산하여야 한다. 현행 IRB 지침에서도 '복지'나 '글로벌 트렌드' 같은 주관적이고 심의위원 개인이 적용하기 애매한 문구를 정비할 필요가 있다. 시험 참여자의 안전이나 권리와 무관한 실험 설계는 심의 대상에서 제외해야 한다.

　심의 기준을 정비해야 한다. 윤리라고 해서 심의위원 개인의 생각을 심의 과정에서 적용하면 안 된다. 전문가로서 정해진 기준에 따라 적정성을 심의해야 한다. 가장 중요한 것은 과정과 결과의 투명한 공개다. 지금처럼 깜깜이로 하면 안 된다. 최소한 식약처 심의위원회 수준으로 높여야 한다. 심의 과정에서 나온 내용을 바탕으로 심의 기준을 보다 구체화하는 노력도 필요하다.

디지털 의료
가속화

코로나19로 시작한 한시적인 비대면 진료를 상시로 전환할 필요가 있다. 대상도 단계적으로 확대할 필요가 있다. 지금은 의사와의 상담 진료만 가능하다. 심장 모니터링처럼 환자의 상태를 확인하는 데 필요한 의료 기기는 허용해야 한다. 여기서 발생할 수 있는 문제는 기본적으로 의사에게 맡겨두어야 한다. 가장 우수한 고등학생이 전국의 의대를 가고 있고 10년간 수련을 하는데 이들을 정부가 사전에 통제하는 것은 적절하지 않다.

무엇보다 의료수가를 정상화하는 노력이 필요하다. 지금처럼 의료수가를 최소화해서 보장성을 높이는 것에만 치중해서는 악화되는 의료의 질을 개선하기 어렵다. 그간 묵혀두었던 의료수가 정상화 정책을 추진해야 한다.

정치적 포퓰리즘 속에서 보여주기에 치중하기보다 실제 환자에게 도움이 되는 것에 집중해야 한다. 환자에게는 6인실을

2인실로 바꾸는 것보다 신의료 기술로 질병 치료를 하는 게 훨씬 더 중요하다.

무엇보다 의사를 대화 상대로 인정하는 정부의 자세 전환이 필요하다. 지금처럼 쥐어짜면 된다는 생각으로 의사를 대하면 외과와 같이 정말 우리 생명과 직결된 중요한 진료 과목을 꺼릴 뿐만 아니라 과잉 진료를 정당화시키는 구실을 제공한다. 결국 그 피해는 고스란히 환자의 몫이 된다.

의사들도 의료의 디지털 전환에 적극적으로 나설 필요가 있다. 디지털화는 의사의 실수를 기록해서 부담스러울 수 있지만, 오히려 모니터링을 통해 실수를 잡아줄 수도 있다. 병원 간 의료 정보를 공유하면 자칫 의사가 책임져야 할 의료 사고를 예방할 수 있다. 특히 의료 사고 가능성이 큰 고령 환자일수록 더욱 그렇다.

예를 들어 골다공증 주사를 맞는 환자가 치아를 뽑았을 때 아물지 않아 중증 감염으로 확산하는 것을 막아줄 수 있다. 우리 몸의 뼈는 미세하게 부서지고 아무는 과정을 반복하는데 골다공증 주사는 이런 과정을 막아서 골밀도 저하를 최소화한다. 그런데 치아를 뽑게 되면 골밀도 주사로 축적된 뼈가 아무는 것을 방해한다.

이미 건강보험심사평가원에서는 의약품 안전 사용 서비스(DUR)를 제공하고 있다. 약사는 물론 의사도 의약품 처방을 할 때 환자의 투약 이력을 조회해서 문제 생길 가능성이 있으면 경고 메시지를 띄워준다. 이러한 정보 기반 의료 서비스를 임상 전반으로 확대해야 한다.

병원 경영이 어려운 상황에서 과연 지금처럼 개인이 홀로 하는 의원이 빅데이터 기반으로 연결되는 세상에서 경쟁력이 있을지도 생각해봐야 한다. 이미 세상은 디지털 전환의 길을 걷고 있다. 의료라고 해서 다르지 않다. 결국 데이터가 중요한, 데이터 기반의 의료가 대세가 된다. 지금까지 오프라인에서 1차-2차-3차 의료기관이 연결된 시스템이었다면 이제는 온라인에서 이런 시스템을 구현해야 한다. 의사들도 이제는 변화하는 세상에 적응하려는 자세 전환이 필요하다.

1) https://www.korea.kr/news/pressReleaseView.do?newsId=156450366

2) https://www.mss.go.kr/site/smba/ex/bbs/View.do?cbIdx=86&bcIdx=1026105&parentSeq=1026105

3) https://www.chosun.com/economy/economy_general/2021/05/30/7ZBYBDOOJRDR7FTUB7HUCONRP4/

4) https://www.hankyung.com/international/article/2020101813101

5) https://zdnet.co.kr/view/?no=20190412184400

6) https://www.etoday.co.kr/news/view/2034342

7) https://zdnet.co.kr/view/?no=20190412184400

8) https://www.yna.co.kr/view/AKR20111107158800022

9) http://www.mpm.go.kr/mpm/info/infoBiz/hrSystemInfo/hrSystemInfo04/

10) https://www.mk.co.kr/news/economy/view/2016/02/129133/

11) https://www.yna.co.kr/view/AKR20171018176200001

12) https://www.mk.co.kr/news/world/view/2021/07/716168/

13) https://www.mk.co.kr/news/world/view/2021/08/800771/

14) https://www.hankookilbo.com/News/Read/A2021070809450000952

15) https://www.hankookilbo.com/News/Read/A2021070809450000952

16) https://www.donga.com/news/Inter/article/all/20210730/108273781/1

17) https://www.mk.co.kr/news/world/view/2020/12/1277968/

18) 전자상거래 등에서의 소비자보호에 관한 법률 규제영향분석(2021.2.22, 공정거래위원회)

19) 함께 못사는 나라로 가고 있다(윤성사, 2021)

20) https://openknowledge.worldbank.org/handle/10986/34789

21) https://www.thegfin.com/members

22) https://www.better.go.kr/sandbox.SandboxTaskSIPL.laf

23) https://www.korea.kr/news/pressReleaseView.do?newsId=156436067

24) https://www.korea.kr/news/pressReleaseView.do?newsId=156428898

25) https://news.mt.co.kr/mtview.php?no=2021071216424831554

26) https://www.edaily.co.kr/news/read?newsId=01426806629143712&mediaCodeNo=257&OutLnkChk=Y

27) http://www.kado.net/news/articleView.html?idxno=1081516

28) https://www.msit.go.kr/bbs/view.do?sCode=user&mId=113&mPid=112&bbsSeqNo=94&nttSeqNo=1570300

29) https://www.medicaltimes.com/Users/News/NewsView.html?ID=1132764

30) https://www.etnews.com/20210810000192?mc=em_004_0002

31) https://www.mk.co.kr/news/economy/view/2021/06/584262/

32) http://www.khgames.co.kr/news/articleView.html?idxno=111653

33) https://www.stateofthedapps.com/ko/stats

34) https://www.coindeskkorea.com/news/articleView.html?idxno=73293

35) https://news.kotra.or.kr/user/globalAllBbs/kotranews/album/2/globalBbsDataAllView.do?dataIdx=187236

36) FATF REPORT-Virtual Currencies Key Definitions and Potential AML/CFT Risks June 2014

37) https://www.investopedia.com/terms/v/virtual-currency.asp

38) Guidelines for enquiries regarding the regulatory framework for initial coin offerings (ICOs) Published 16 February 2018, FINMA

39) https://ko.wikipedia.org/wiki/로블록스

40) https://moneys.mt.co.kr/news/mwView.php?no=2021032315158074355

41) https://www.kukinews.com/newsView/kuk202104160119

42) http://www.aitimes.com/news/articleView.html?idxno=140233

43) https://www.ciokorea.com/news/185463

44) https://www.ajunews.com/view/20210328181854750

45) http://www.coindeskkorea.com/news/articleView.html?idxno=72582

46) http://wiki.hash.kr/index.php/사이퍼펑크

47) http://wiki.hash.kr/index.php/오프체인_거버넌스

48) https://ko.wikipedia.org/wiki/이더리움_클래식

49) https://decrypt.co/resources/what-is-taproot-proposed-bitcoin-upgrade

50) http://wiki.hash.kr/index.php/테더

51) https://ethereum.foundation/about/board/

52) http://wiki.hash.kr/index.php/지분증명

53) https://www.joongang.co.kr/article/25009446#home

54) https://www.emerics.org:446/issueDetail.es?brdctsNo=317346&mid=a10200000000&systemcode=02

55) https://www.joongang.co.kr/article/24046023#home

56) https://www.themiilk.com/articles/ab8fe0f95?u=864c647d&t=af452ce08

57) https://www.coindeskkorea.com/news/articleView.html?idxno=74829

스타트업 규제 개혁 아젠다

58) https://www.coindeskkorea.com/news/articleView.html?idxno=74630

59) https://cointelegraph.com/news/sec-boss-tells-eu-parliament-crypto-and-fintech-could-be-as-disruptive-as-the-internet

60) https://www.coindesk.com/policy/2021/09/30/fed-chair-powell-says-he-has-no-intention-of-banning-crypto/

61) https://signalm.sedaily.com/NewsView/22MGJQFLV1/GC12

62) https://www.youtube.com/watch?v=mhdf0cpNvc8&t=152s

63) https://www.fool.com/the-ascent/personal-finance/articles/pay-with-crypto-using-paypal-heres-how/

64) https://www.coindeskkorea.com/news/articleView.html?idxno=73722

65) https://biz.chosun.com/international/international_economy/2021/06/08/CI5XRO5VSRBRJEK7RGU273LY7U/

66) https://www.youtube.com/watch?v=6PbfrcVKkOY

67) https://news.naver.com/main/read.naver?mode=LSD&mid=shm&sid1=101&oid=025&aid=0003128400

68) https://news.naver.com/main/read.naver?mode=LSD&mid=shm&sid1=101&oid=025&aid=0003128400

69) 중국 디지털 위안화 추진 현황과 전망(대외경제정책연구원, 2021.7)

70) 중국 모바일 결제 플랫폼의 발전과 시사점: 알리바바 사례를 중심으로(대외경제정책연구원, 2018.12)

71) https://biz.chosun.com/international/international_economy/2021/07/15/KWQN52MZVZBUVHPE7CTLK5BH6E/

72) https://www.etoday.co.kr/news/view/2044619

73) https://www.mk.co.kr/opinion/contributors/view/2021/08/772184/

74) 중앙은행 디지털화폐(한국은행, 2019.1)

75) https://www.chosun.com/economy/mint/2021/07/30/JJSEJYKGBFGK5LEX7L5OYKRMA4/

76) https://www.coindeskkorea.com/news/articleView.html?idxno=72395

77) 새로운 지급수단 출현과 결제방식의 변화가 국제금융시스템에 미치는 영향

78) https://www.blockchaintoday.co.kr/news/articleView.html?idxno=14492

79) https://www.cftc.gov/digitalassets/index.htm

80) file:///C:/Users/forso/Downloads/VirtualCurrencyMonitoringReportFY2020.pdf

81) https://www.coindeskkorea.com/news/articleView.html?idxno=73346https://www.techm.kr/news/articleView.html?idxno=80765

82) https://m.newspim.com/news/view/20210902000165

83) https://markets.businessinsider.com/news/currencies/coinbase-sec-crypto-sue-lend-regulation-brian-armstrong-sketchy-2021-9

84) https://uniswap.org/blog/uniswap-raise/

85) https://medium.com/journal-of-empirical-entrepreneurship/dissecting-startup-failure-by-stage-34bb70354a36

86) SECURITY TOKEN OFFERINGS - A EUROPEAN PERSPECTIVE ON REGULATION(2020. 10, Clifford Chance)

87) https://www.2e.co.kr/news/articleView.html?idxno=301027

88) https://www.donga.com/news/It/article/all/20201203/104275741/1

89) https://www.mk.co.kr/news/economy/view/2021/06/624616/

90) https://www.blockchainconsultus.io/difference-between-security-commodity-tokens/

91) https://en.wikipedia.org/wiki/Initial_coin_offering

92) https://www.coindeskkorea.com/news/articleView.html?idxno=23140

93) https://www.coindesk.com/sec-chair-gensler-agrees-with-predecessor-every-ico-is-a-security

94) https://www.coindesk.com/policy/2021/08/19/crypto-booster-brian-quintenz-to-step-down-as-cftc-commissioner/

95) https://www.reuters.com/technology/warren-us-government-needs-confront-crypto-threats-head-on-2021-06-09/

96) https://www.coindeskkorea.com/news/articleView.html?idxno=74810

97) https://www.joongang.co.kr/article/24012274#home

98) https://www.coindeskkorea.com/news/articleView.html?idxno=70900

99) https://www.fnnews.com/news/202106131523587887

100) http://www.inews24.com/view/1334887

101) https://www.k-otc.or.kr/

102) https://www.reuters.com/technology/binance-founder-changpeng-zhao-says-its-us-crypto-exchange-arm-targets-ipo-three-2021-09-02/

103) https://www.yna.co.kr/view/AKR20200915126000009

104) https://www.hankyung.com/international/article/202010074205i

105) https://www.sedaily.com/NewsVIew/22NTQYZ2F8

106) https://robinhood.com/us/en/about/crypto/

107) http://www.chemicalnews.co.kr/news/articleView.html?idxno=4154

108) https://www.joongang.co.kr/article/24118221#home

109) http://it.chosun.com/site/data/html_dir/2021/03/03/2021030302955.html

110) https://www.tokenpost.kr/article-74988?fbclid=IwAR03KyWstt3cXaEHW5kYUVVYzblLD-KxCEGVPF9cgPAz0tl9URL4AVDvc4k

111) https://www.coindeskkorea.com/news/articleView.html?idxno=76079&fbclid=IwAR0ZqLfuEwJHNeOVNY4MNId5UCJCN1JisNGeKgzSOpf1JRqDo5kceYdzSbk

스타트업 규제 개혁 아젠다

112) https://www.youtube.com/watch?v=EefyvzUdBoE

113) https://en.wikipedia.org/wiki/Dark_web

114) https://en.wikipedia.org/wiki/IPhone_(1st_generation)

115) https://m.blog.naver.com/lci0005/222251827354

116) https://www.yna.co.kr/view/AKR20130909187700003

117) 한중일 소재·부품·장비 산업의 GVC 연계성과 우리 기업의 대응 분석(KIEP 오늘의 세계경제, 2021.4.20.)

118) https://www.healthrelief.or.kr/home/content/stats01/view.do

119) 미국, 일본, 유럽 인력은 해외 규제에 대해(경제산업성 화심법 시행상황검토회 1차회의 참고자료 (15.8.31) 인용함

120) https://www.youtube.com/watch?v=HRbqK56RPAY

121) https://zdnet.co.kr/view/?no=20210526114706

122) https://www.joongang.co.kr/article/23666689#home

123) 마우스가 구강 섭취시 절반이 죽는 양

124) https://www.bloomberg.com/news/articles/2021-07-08/eu-lawmakers-seek-to-classify-nuclear-investment-as-green

125) https://me.go.kr/home/web/board/read.do?boardMasterId=1&boardId=1094230&menuId=286ome1?pagerOffset=1940&maxPageItems=10&maxIndexPages=10&searchKey=&searchValue=&menuId=&orgCd=&boardId=752820&boardMasterId=1&boardCategoryId=39&decorator=

126) https://www.sisajournal.com/news/articleView.html?idxno=151924

127) https://www.mfds.go.kr/wpge/m_637/de050801l001.do

128) https://echa.europa.eu/about-us/partners-and-networks/eu-bodies

129) 산업안전보건법상 제조 등 금지물질 및 허가대상물질 정비방안 연구(2018.10, 산업안전보건 연구원)

130) https://www.hse.gov.uk/reach/index.htm

131) https://www.korea.kr/special/policyCurationView.do?newsId=148862220

132) 한국, 연평균 저출산·고령화 속도 OECD 37개국 중 가장 빨라(한국경제연구원, 2021.3.3.)

133) https://data.worldbank.org/indicator/SP.POP.65UP.TO.ZS

134) https://ec.europa.eu/eurostat/statistics-explained/index.php?title=Population_structure_and_ageing

135) https://weekly.donga.com/List/3/06/11/2518198/1

136) http://www.medicaltimes.com/News/1131972

137) https://www.khanews.com/news/articleView.html?idxno=125593

138) https://www.medigatenews.com/news/3212722149

139) 국가 R&D 과제의 생명윤리 관리체계 구축에 대한 고찰(장성미 등, 한국임상약학회지, 2016)

140) https://www.monews.co.kr/news/articleView.html?idxno=211161

141) https://www.docdocdoc.co.kr/news/articleView.html?idxno=1074490

142) https://m.health.chosun.com/svc/news_view.html?contid=2021062800911

143) https://www.doctorsnews.co.kr/news/articleView.html?idxno=129437

144) https://www.hankyung.com/politics/article/2021082327421

145) http://medigatenews.com/news/3520048286

146) https://www.hankyung.com/international/article/202105215183i